Cynnwys

*C*yfnod o newid

Yn 1760 roedd llai na saith miliwn o bobl yn byw yng Nghymru a Lloegr. Roedd Llundain eisoes yn ddinas fawr ond doedd Caerdydd, â phoblogaeth o lai na 2,000, fawr fwy na thref fechan. Doedd yna ddim ffatrïoedd na rheilffyrdd a byddai'n rhaid aros dipyn am gyflenwadau o ddŵr, nwy a thrydan.

Cefn gwlad

Yn y dyddiau hynny, roedd y rhan fwyaf o'r bobl yn byw yn y wlad. Roedden nhw'n gwneud eu dillad eu hunain, yn tyfu eu bwyd eu hunain ac yn cadw anifeiliaid. Fe fydden nhw'n defnyddio peiriannau syml megis troellau a gwyddiau i wneud gwlân a brethyn yn eu cartrefi eu hunain. Doedd yna ddim ffermydd fel sydd heddiw. Yn lle hynny, byddai'r tir o gwmpas pob pentref wedi'i rannu'n dri chae mawr. Byddai pob cae wedi'i rannu'n lleiniau rhwng y pentrefwyr. Fel na fyddai'r tir yn cael ei ddihysbyddu, byddai un cae yn cael ei adael i **fraenaru** bob blwyddyn. Byddai'r bobl hefyd yn cadw ychydig anifeiliaid, gwyddau ac ieir ar y **tir comin** sef tir y gallai pawb ei ddefnyddio.

Y trefi

Yn y trefi roedd busnes a masnach yn ffynnu. Yno roedd y siopwyr, y tafarnwyr a'r masnachwyr. Roedd Llundain, â'i choetsys a'i chabiau, ei strydoedd cerrig a'i phedleriaid yn gwerthu eu nwyddau, yn ddinas brysur a swnllyd. Roedd y rhan fwyaf o'r bobl yn dlawd. Ceisient fyw orau fedren nhw drwy wneud yr hyn a'r llall, neu drwy fegera neu ddwyn.

A Dynes yn gweithio wrth dröell yn ei chartref ei hunan

B Awyrlun yn dangos olion yr hen leiniau. Hyd pob cwys oedd yr hyd y gallai ceffyl dynnu aradr heb orffwys - yn Saesneg *furlong*, sef *furrow-long*

C Map yn dangos sut yr aeth y comisiynwyr ati i rannu'r tir o gwmpas pentref Horton Heath yn Hampshire

Diwedd yr hen ffordd o amaethu

Y newid mawr cyntaf a welwyd yn y wlad oedd y cloddiau a godwyd gan y tirfeddianwyr i gau eu caeau i mewn. Gan fod y boblogaeth yn cynyddu, roedd angen mwy o fwyd i'w bwydo ac roedd ffermio, o ganlyniad, yn ffynnu. Roedd llawer o wastraff yn yr hen system ac roedd ffermwyr am drio syniadau newydd. Pan benderfynwyd amgáu'r tir, penodwyd **comisiynwyr** i rannu'r tir. Yn anffodus, achosodd hyn lawer o ofid i nifer o ffermwyr am na allen nhw fforddio codi cloddiau a ffensys o gwmpas eu tir. Doedd dim dewis felly ond gwerthu a mynd i'r trefi i chwilio am waith. Mewn rhai pentrefi, cafodd hyd yn oed y tir comin ei amgáu.

Ym mhob pentref y mae'r dirywiad yn arswydus. Ychydig o ffermdai sydd yna ... mae tai'r gweithwyr hefyd wedi diflannu. Gwastraff yw amgáu'r tir ...

Ch Yn ei lyfr *Rural Rides*, ysgrifennodd William Cobbett am amgáu'r tir

Dyfodiad y peiriannau

Roedd newidiadau pwysig eraill ar droed hefyd. Gyda dyfeisio peiriannau newydd i droelli a nyddu, roedd yr hen system o wneud gwlân a brethyn yn dod i ben. Ar y dechrau, câi pŵer dŵr ei ddefnyddio i weithio'r peiriannau newydd ond yn fuan wedyn daeth pŵer stêm i gymryd ei le. Bu'n rhaid codi adeiladau newydd ar gyfer y peiriannau hyn. Ffatrïoedd oedd yr enw a roddwyd arnynt neu, yn y diwydiant tecstiliau, **melinau**. Cododd y perchenogion resi o dai o gwmpas eu ffatrïoedd yn gartrefi i'r gweithwyr. Roedd yr holl ddatblygiadau hyn yn arwydd o oes newydd sef Oes y Ffatrïoedd.

Morwynion a gweision ein gwlad
Amaethwyr a gweithwyr pob sir,
Ymunwch â'ch gilydd bob un
Yn erbyn ysbeilwyr y tir ...
Tynghedwch pob gradd a phob oed
Y mynnwch y ddaear yn ôl.

D Dyma ran o gerdd R J Derfel, 'Mynnwch y Ddaear yn ôl' (1891)

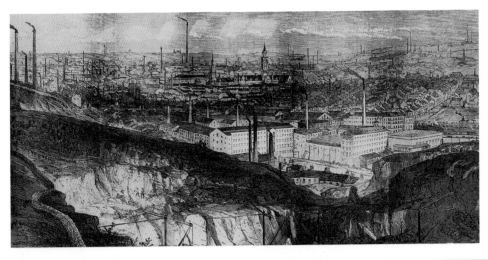

Dd *(chwith)* Y dyfodol - melinau Bradford (1879)

---

1 Edrychwch ar ffynonellau B a C. Ym mha ffordd y byddai amgáu'r tir yn newid golwg cefn gwlad?

2 'Roedd y newidiadau a ddigwyddodd mewn amaethyddiaeth yn newidiadau yr oedd pawb am eu gweld beth bynnag.' Gan ddefnyddio ffynonellau Ch a D ac unrhyw wybodaeth arall yn y bennod hon, dywedwch a ydych chi'n cytuno â'r farn hon.

3 Gan ddefnyddio'r wybodaeth yn y bennod hon, nodwch y prif wahaniaethau y byddai rhywun a oedd yn byw ar yr adeg honno yn sylwi arnynt yn y trefi a'r ardaloedd gwledig pe bai'n dod yn ôl heddiw. Oes yna rai pethau sydd wedi aros bron yr un fath?

2 *C*ymru 200 mlynedd yn ôl

*D*oedd dim ffyrdd newydd wedi'u hadeiladu dros fynyddoedd Cymru ers oes y Rhufeiniaid ac roedd y rheini a oedd yn bod mewn cyflwr truenus ac yn anaddas ar gyfer cerbydau a choetsys. Ychydig o gysylltiad oedd rhwng Cymru a gweddill y byd felly ac, am gyfnod, ychydig o effaith a gafodd digwyddiadau a newidiadau mewn mannau eraill arni.

Cefn gwlad Cymru

Gwlad o bentrefi a ffermydd bychan oedd Cymru ac roedd y rhan fwyaf o bobl yn dibynnu ar ffermio am eu bywoliaeth. Ychydig fyddai'n teithio ymhellach na'u pentrefi eu hunain. Roedden nhw'n byw mewn bythynnod cerrig, **gwyngalchog** â thoeau gwellt neu lechi. Roedd yr offer ffermio yn syml iawn. Roedd yr erydr wedi'u gwneud o bren a'r swch o haearn; defnyddid ffustiau lledr i ddyrnu. Y cert mwyaf poblogaidd oedd y gambo ddwy olwyn.

Adeg cneifio a chynhaeaf, byddai ffermwyr yn helpu ei gilydd. Digon caled oedd bywyd heb ddim ond diwrnod marchnad neu wyliau megis Calan Mai a Chalan Gaeaf i edrych ymlaen atynt. Roedd tir pori da i ddefaid ar y bryniau.

A Cas-gwent yn 1812. Y dref hon, ar aber Afon Gwy, oedd y drws i mewn i Gymru

B Bwthyn cerrig Cymreig yn Llanbedr Pont Steffan, Dyfed

6

C Y tu mewn i fwthyn un ystafell yn Rhostryfan, ger Caernarfon. Mae'r bwthyn yn dyddio'n ôl i 1762

Ch Gambo. Gellir gweld enghraifft o'r math hwn o gert, a gâi ei ddefnyddio tan yn gymharol ddiweddar, yn Amgueddfa Werin Cymru, Sain Ffagan

D Golygfa o farchnad yng Nghymru ganol y 19eg ganrif

---

1 Beth a ddywed ffynonellau A a Ch ynglŷn â pha mor anodd oedd hi i deithio ar yr adeg yma?

2 Gan ddefnyddio ffynonellau B a C ac unrhyw wybodaeth arall yn y testun, disgrifiwch yn gryno pa mor gyfforddus fyddai bywyd y bobl dlawd. Gallech, er enghraifft, sôn am wres a golau, a pha ddefnyddiau a dodrefn oedd ganddynt.

7

Y porthmyn, cymdeithas a diwydiant

Y porthmyn

Roedd y ffermwyr yn dibynnu ar y porthmyn i fynd â'u hanifeiliaid i'r farchnad. I Ganolbarth Lloegr y byddai'r rhan fwyaf yn mynd ond byddai rhai yn mynd mor bell â Llundain. Roedd y porthmyn yn ddynion pwysig gan mai y nhw oedd cyswllt pobl y wlad â'r byd y tu allan. Pan fydden nhw'n dod yn ôl, fe fydden nhw'n dod â nwyddau a newyddion gyda nhw, yn ogystal ag arian. Hyd yn oed ymhlith y Cymry eu hunain, doedd gan y porthmyn ddim enw da.

Trefi bychan Cymru

Ychydig iawn o drefi o unrhyw faint oedd yng Nghymru. Daeth rhai megis y Bala, Caerfyrddin, y Bont-faen, Llanymddyfri, Machynlleth a Thregaron yn bwysig am fod marchnadoedd yn cael eu cynnal yno'n rheolaidd. Tyfodd Aberteifi, Cas-gwent, Hwlffordd ac Abertawe yn borthladdoedd ar hyd yr arfordir.

Uchelwyr Cymru

Teuluoedd megis y Williams-Wynn o Wynnstay, y teulu Gwyn o Lansannor a'r teulu Morgan o Dredegar oedd prif feistri tir a theuluoedd mwyaf blaenllaw Cymru. Syr Watkin Williams Wynn, a oedd yn berchen ar stadau yng ngogledd Cymru a Phowys, oedd y tirfeddiannwr mwyaf ohonynt. Bu aelodau o'r teulu yn cynrychioli Sir Ddinbych yn y Senedd am dros 150 o flynyddoedd!

Oddi tanynt oedd y bonheddwyr a'r ysweiniaid. Roedd eu cyfoeth yn amrywio ac roedden nhw'n byw o fewn eu cymunedau. Roedd rhai ffermwyr bychan yn berchen ar eu tir ond roedd y rhan fwyaf yn **denantiaid fferm** a fyddai'n rhentu ychydig erwau, neu'n weithwyr a fyddai'n gweithio am gyflog. Roedd yr hen ffordd Gymreig o fyw ar fin dod i ben. Ymhen amser byddai llawer yn gadael y tir i fynd i chwilio am waith oedd yn talu'n well yn y gweithfeydd haearn a'r pyllau glo.

Diwydiant

Bu rhai diwydiannau bychan yng Nghymru ers amser - ffwrneisi haearn bychan a ddibynnai ar olosg, brethyn ym mhentrefi Dyffryn Teifi, plwm ac arian yn Nyfed a Chlwyd ac adeiladu llongau yng Nghas-gwent. Mewn blynyddoedd, byddai diwydiant yn tyfu ar raddfa fawr ac yn troi dyffrynnoedd coediog y de-ddwyrain yn un o'r ardaloedd pwysicaf am gynhyrchu haearn a glo yn y byd.

A Porthmon ym marchnad Smithfield

Yr oedd yn ŵr o gwmpas ei ddeugain oed a'i wyneb yn llydan ac yn arw ... Gwisgai gôt frith, llodrau melfaréd ac esgidiau brown.

B Yn *Wild Wales*, mae George Borrow yn disgrifio porthmon o Gymro

C (dde) Credai'r offeiriad a'r bardd, y Ficer Prichard, y dylai ddweud wrth y porthmyn sut i ymddwyn

Delia'n union wrth fargena,
Na thwyll undyn wrth farchnata;
Duw ei hun sydd union Farnwr,
Rhwng y gwirion plaen a'r twyllwr.

Ch Strwythur y gymdeithas yng Nghymru

Bonheddwyr

Tenantiaid fferm

Uchelwyr

Llafurwyr

Yma mae hen borthmon yn huno, -
ddifaodd

Ei fywyd ar dwyllo;
Aeth ef o'r byd i'w grud gro,
Twll ei din, twylled yno.

D Dyma farn ddiflewyn-ar-dafod Twm
o'r Nant mewn englyn beddargraff
i'r 'Porthmon Anonest'

Dd Dehongliad arlunydd o Gwm Rhondda ar droad y bedwaredd ganrif ar bymtheg

1 (a) Pam nad oedd enw da i'r porthmyn?
Defnyddiwch ffynonellau A, C a D i'ch helpu.

(b) Pa ffynhonnell o'r tair hyn sy'n dangos rhywfaint o gydymdeimlad tuag at y porthmyn?

(c) Pam y dewisoch chi'r ffynhonnell arbennig honno?

2 Ydy ffynhonnell Dd yn profi nad oedd unrhyw ddiwydiant yng Nghwm Rhondda ar ddechrau'r bedwaredd ganrif ar bymtheg?

3 Beth mae'r ffynonellau ac unrhyw wybodaeth arall yn y testun yn ei ddweud am rôl menywod yn y gymdeithas ar yr adeg yma?

9

$\mathcal{P}$obl â syniadau newydd

Credwn yn y gwirioneddau hyn ... y dylai pob dyn gael ei drin yn gyfartal, bod ei Greawdwr wedi rhoi iddo ... rai hawliau arbennig, yn eu plith, bywyd, rhyddid a hapusrwydd.

A Ysgrifennwyd Datganiad o Annibyniaeth a oedd yn cynnwys yr hyn roedd yr Americanwyr yn ei gredu

B Llofnodi Datganiad Annibyniaeth America ar 4 Gorffennaf 1776. Thomas Jefferson ysgrifennodd y Datganiad ac roedd ei deulu yn dod yn wreiddiol o ogledd Cymru

Y digwyddiad mwyaf yn y byd o bell ffordd a'r gorau.

C Dyma ddywedodd Charles James Fox, Aelod Seneddol radicalaidd, am y Chwyldro yn Ffrainc

Ym Mhrydain, byddai pobl o wahanol ddosbarthiadau yn byw yn wahanol iawn i'w gilydd. Roedd gan y bonheddwyr dai gwych a gweision. Roedd llawer yn Aelodau Seneddol ac yn dweud sut y câi'r wlad ei rhedeg. Ar y pegwn arall oedd y gweithwyr, heb unrhyw dir ac ychydig iawn o eiddo. Heb hyd yn oed yr hawl i bleidleisio, doedd ganddyn nhw ddim llais yn y Senedd na'r gallu i newid pethau.

Colli trefedigaethau America
Roedd y Brenin Siôr III yn styfnig ac ambell dro yn annoeth iawn. Pan oedd angen arian arno, penderfynodd ei weinidogion drethu'r Prydeinwyr a oedd bellach yn byw yng Ngogledd America. A hwythau heb neb i siarad ar eu rhan yn y Senedd yn Llundain, gwrthod talu wnaethon nhw ac yna, yn 1776, datgan eu hunain yn rhydd o reolaeth Prydain. O dan arweiniad George Washington, ymladdodd y trefedigaethwyr am eu hannibyniaeth ac ennill. Roedd colli **trefedigaethau** America yn ergyd i falchder Prydain.

Chwyldro yn Ffrainc
Yn Ffrainc, roedd y werin bobl wedi dioddef yn hir wrth i'w brenin a'i bendefigion fwynhau breintiau arbennig a byw bywyd bras ac ofer. Erbyn 1789, roedden nhw wedi dioddef digon. Dyma nhw yn troi yn erbyn Louis XVI a chael gwared ar yr hen system. Yn ystod y Chwyldro yn Ffrainc, anfonwyd y brenin a miloedd o'i bendefigion i'r **gilotîn**.

Pa effaith a gafodd y digwyddiadau hyn ar Brydain?
Roedd rhai pobl ym Mhrydain yn cefnogi'r hyn oedd wedi digwydd yn America ac yn Ffrainc. Roedden nhw yn edmygu Datganiad Annibyniaeth America a ddywedai fod gan bawb rai hawliau arbennig - 'bywyd, rhyddid a hapusrwydd'. Roedden nhw hefyd yn cefnogi'r Ffrancwyr a'u cri am '*Liberté, Egalité et Fraternité*' (rhyddid, cydraddoldeb a brawdoliaeth). Roedd **radicaliaid**, pobl a gredai y dylid ceisio newid pethau drwy fynd i wraidd y broblem, am weld newid ac aeth rhai ati i annog pobl i ddilyn esiampl Ffrainc!

Am reswm da, roedd ofn y radicaliaid ar y dosbarth llywodraethol a oedd yn pryderu y byddai'r aflonyddwch a'r terfysg yn lledu. Rhybuddiodd y gwleidydd Edmund Burke mai gwell oedd osgoi chwyldroadau gan eu bod yn difetha'r gwaith da a wnaed yn y canrifoedd hyd hynny a'u bod yn arwain at fwy o drais. Roedd Tom Paine, un o radicaliaid mwyaf amlwg y cyfnod, am gael gwared ar y frenhiniaeth. Bu'n ymladd gyda'r trefedigaethwyr yn America a bu yn Ffrainc hefyd yn ystod y Chwyldro.

Radicaliaid Cymreig amlwg

O Lundain, bu pedwar Cymro yn lleisio barn eu cyd-Cymry. Ysgrifennodd Richard Price, gweinidog o Ben-y-bont ar Ogwr, lyfr yn cefnogi trefedigaethwyr America a'u plesiodd gymaint fel y cafodd wahoddiad i fod yn ddinesydd America. Ysgrifennodd yn cefnogi'r Chwyldro yn Ffrainc hefyd. Roedd gan David Williams, gweinidog arall, syniadau tebyg. Cafodd yntau gynnig i fod yn ddinesydd Ffrainc gan ei fod mor boblogaidd yno. Roedd gan John Jones neu, a rhoi iddo ei enw mwy cyfarwydd, Jac Glan-y-gors, dŷ tafarn yn Llundain a oedd yn fan cyfarfod poblogaidd i Gymry yn y ddinas. Yn ei lyfrau, ymosodai ar bŵer y brenin, y pendefigion a'r clerigwyr. Rhoddwyd gwaharddiad ar werthu ei lyfrau a gorfodwyd iddo adael Llundain a mynd yn ôl i Gymru. Cymeriad lliwgar arall oedd Morgan John Rhys o Lanfabon, a oedd yn weinidog gyda'r Bedyddwyr. Aeth i Ffrainc yn ystod y Chwyldro i roi Beiblau i'r bobl yno. Yn ôl yng Nghymru, ysgrifennodd am ddioddefaint y bobl. Ymfudodd i America lle treuliodd weddill ei fywyd.

Ch Poster a ddefnyddiwyd adeg y Chwyldro yn Ffrainc

Mae bod mewn dau chwyldro wedi rhoi rhyw bwrpas i fyw.

D Tom Paine yn edrych yn ôl ar ei fywyd

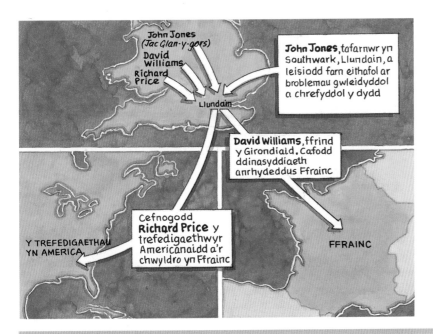

Dd (*chwith*) Radicaliaid yn Llundain

---

1 (a) **Pam roedd rhai pobl ym Mhrydain yn cefnogi'r hyn oedd yn digwydd yn Ffrainc a'r Unol Daleithiau? Gall ffynonellau A a B eich helpu i ateb y cwestiwn hwn.**

   (b) **Ydych chi'n credu y byddai'r dosbarth llywodraethol o blaid y ddau chwyldro hyn? Rhowch resymau dros eich ateb.**

2 **Pa argraff ydych chi'n credu mae ffynhonnell Ch yn ceisio ei rhoi? Pa mor effeithiol ydyw, yn eich barn chi?**

3 **Lluniwch araith fer naill ai'n cefnogi neu'n gwrthwynebu newidiadau radicalaidd ym Mhrydain ar yr adeg yma.**

4 **Pa mor gywir a diweddar oedd y wybodaeth oedd gan bobl i ddeall yr hyn oedd yn digwydd yn Ffrainc a'r Unol Daleithiau? Edrychwch am wybodaeth yn y bennod hon ac ym Mhenodau 1 a 2.**

$\mathcal{4}$ $\mathcal{P}$ŵer stêm ac oes y peiriannau

Mae hanes Prydain yn ystod y 100 mlynedd yn dilyn 1760 yn dangos sut y newidiodd o fod yn amaethyddol i fod yn ddiwydiannol. Roedd yn gyfnod o ddarganfod, dyfeisio a datblygiadau gwyddonol a drawsnewidiodd gwledydd Prydain a bywydau bob dydd y bobl.

Peiriannau dŵr cynnar
Am ganrifoedd lawer, yr unig ffynhonnell o bŵer oedd egni dyn, anifail, dŵr a gwynt. Roedd yna felinau gwynt ac olwynion dŵr i droi'r maen melin ac i falu'r ŷd yn flawd. Yn y diwydiant tecstiliau, gwnaeth Richard Arkwright ddarganfyddiad pwysig yn 1769 pan ddyfeisiodd dröell a gâi ei gweithio gan ddŵr - ffrâm ddŵr. Mae Arkwright wedi'i alw'n 'dad y system ffatrïoedd'. Er hynny, nid dŵr oedd yr ateb yn y pen draw.

Thomas Newcomen
Gof a oedd yn byw yn Nyfnaint oedd Thomas Newcomen. Yn 1712, adeiladodd y peiriant stêm cyntaf. Dibynnai ar stêm a gwasgedd yr atmosffer i greu'r symudiad pwmpio i fyny ac i lawr. Câi ei ddefnyddio mewn pyllau i bwmpio dŵr allan. Doedd peiriant Newcomen ddim yn gallu troi olwyn, fodd bynnag, felly ni allai gael ei ddefnyddio i weithio peiriannau.

Injan stêm James Watt
Er mwyn troi olwyn, roedd yn rhaid i'r injan stêm allu troi mewn cylch. Aeth James Watt a'i bartner, Matthew Bolton, ati i wneud hyn drwy wella'r dyfeisiadau cynnar. Gallai'r **injan gylchdro** newydd weithio pympiau a pheiriannau. Yr injan hon, ymhen amser, fyddai'n cynhyrchu'r pŵer a wnaeth y newidiadau

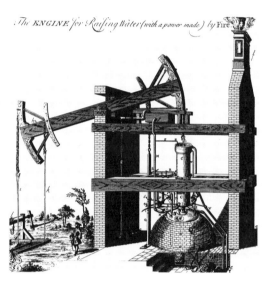

The ENGINE for Raifing Water (with a power made) by Fire

A Peiriant Newcomen. Yn ôl un disgrifiad 'Y peiriant codi dŵr gyda phŵer a grëwyd gan dân'

Ydy James Watt yn haeddu'r clod i gyd am ddyfeisio'r injan stêm?

Roedd ôl meddwl dwfn ar ei wyneb … Ni fyddai'n codi'n fore a byddai angen deng awr o gwsg arno. Cymerai snisin ac roedd yn hoff o'i getyn. Yn blentyn … dangosodd ddawn arbennig mewn mathemateg a gwaith ymarferol gyda'i ddwylo. Roedd ganddo feddwl manwl a disgybledig. Roedd Watt yn wyddonydd wrth reddf.

B Yn *James Watt, Instrument Maker*, mae Rex Wailes yn disgrifio cymeriad y dyfeisiwr

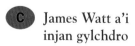

C James Watt a'i injan gylchdro

diwydiannol mawr yn bosib.

Gyda dyfodiad pŵer stêm a'r defnydd a wnaed o beiriannau roedd angen mwy o haearn a glo. Gwelwyd diwydiannau yn symud i ardaloedd lle roeddent ar gael yn hawdd. Câi peiriannau stêm eu defnyddio nid yn unig i nyddu a gwehyddu ond hefyd i gynhyrchu amrywiaeth o nwyddau, gan gynnwys gwifrau, hoelion, cadwynau, cytleri a chrochenwaith. Byddai pŵer stêm hefyd yn dod â dulliau newydd, cyflymach a rhatach o gludo nwyddau ar dir ac ar fôr. Doedd dim troi'n ôl bellach ar y Chwyldro Diwydiannol.

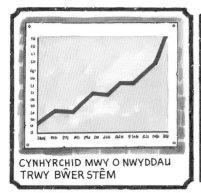

CYNHYRCHID MWY O NWYDDAU TRWY BŴER STÊM

SYMUDWYD FFATRÏOEDD I'R TREFI GER Y MEYSYDD GLO

ROEDD TEITHIO'N GYFLYMACH AR Y RHEILFFYRDD

ROEDD DEFNYDDIO STEMARS YN HWYLUSO MASNACH DRAMOR

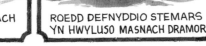

E Dulliau o ddefnyddio pŵer stêm

Ddydd Gwener diwethaf, adeiladwyd injan stêm yn seiliedig ar syniad newydd Mr Watt yng ngŵydd nifer o foneddigion gwyddonol ... cawsant eu bodloni'n llwyr gan ei pherffformiad rhagorol.

Ch Adroddiad yn y *Birmingham Gazette* yn 1776

Cafodd y syniad o ddefnyddio stêm i droi olwyn ei drafod sawl gwaith dros y blynyddoedd, ond dim ond fel tegan ... Nid James Watt a ddyfeisiodd yr injan stêm. Ei gwella a wnaeth ...

D *Eureka! An Illustrated History of Inventions* (1974). Dyma farn arall am James Watt

Yn ein trefi mae nifer mawr o beiriannau stêm o bob maint yn gweithio at wahanol ddibenion, megis pwmpio dŵr, malu ŷd, llifio coed, gwasgu olew o hadau, torri cytleri ... troi rhaffau a cheblau a gwneud gwifrau.

Dd Dyma ysgrifennodd peiriannwr, John Farey, yn 1827

1 (a) Edrychwch ar ffynonellau A a C. Beth yw'r prif wahaniaethau rhwng y ddwy injan stêm?
  (b) Pam yr oedd datblygiadau James Watt mor bwysig?
  (c) 'Heb James Watt, ni fyddai dim o'r newidiadau y soniwyd amdanynt yn y bennod hon wedi digwydd.' Ydych chi'n cytuno â'r datganiad hwn?

2 Pe baech chi'n cael dewis un newid a ddaeth yn sgil yr injan stêm, pa un fyddai'r pwysicaf yn eich barn chi? Ydy eich ateb yr un fath â gweddill y dosbarth? Pam y mae yna wahaniaethau?

3 Pa fanteision fyddai i'r injan stêm o safbwynt y canlynol:
  (a) symud nwyddau a theithwyr ar dir ac ar fôr;
  (b) yn y diwydiant tecstiliau;
  (c) yn y pyllau a'r gweithfeydd haearn?

4 Ar ôl dyfeisio'r injan stêm, roedd y newidiadau diwydiannol a ddisgrifiwyd yn y bennod hon yn sicr o ddigwydd. Ydych chi'n cytuno? Rhowch resymau dros unrhyw ateb a roddwch.

5 $\mathcal{G}$wlân, cotwm a dechreuad system y ffatrïoedd

A Hen bennill yn cyfeirio at yr arferiad o wneud gwlanen a brethyn yn y cartref

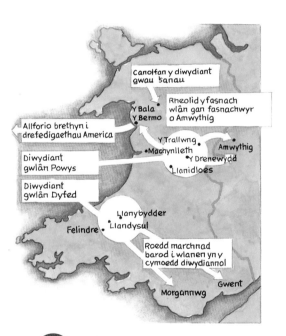

B Y diwydiant gwlân yng Nghymru

Newtown, Newtown is surely now thy name,
Britannia whole is joyful of thy fame;
... Newtown's new market hall is daily blooming ...
Cambria's masterpiece, manufacturer's pleasure ...
Go on and flourish, thy markets ever bless
With flannel, full of money and success.

Am flynyddoedd bu'r diwydiant gwlân yn y cartref yn rhan o'r ffordd o fyw yn y wlad. Bu magu defaid a gwneud edafedd yn fywoliaeth i lawer ac roedd y masnachwyr gwlân ymhlith gwŷr cyfoethog y wlad. Mae llawer o eiriau ac ymadroddion Saesneg yn ein hatgoffa o'r dyddiau pan oedd gwlân yn bwysig - 'spinster', 'to pull the wool over one's eyes', a'r cyfenwau Dyer, Fuller, Shearer.

Erbyn 1838 roedd y Drenewydd yng nghanolbarth Cymru yn dref ddiwydiannol brysur gyda dros saith deg pump o felinau, 726 o **wyddiau** a dros 3,000 o weithwyr. Roedd brethyn Cymreig yn para'n dda ac yn boblogaidd gyda gweithwyr diwydiannol. Câi ei ddefnyddio hefyd i wneud iwnifform y fyddin a dillad i garcharorion.

Yn 1861, agorwyd Melin Cambria gan Samuel Owen, tra daeth dilledydd lleol uchelgeisiol, Pryce Jones, â masnach i'r dref drwy ddechrau busnes gwerthu brethyn a gwlanen Cymru drwy'r post! Does ryfedd i'r Drenewydd gael ei galw'n 'Leeds Cymru'. Roedd Llanidloes a Machynlleth hefyd yn drefi pwysig am decstiliau.

Er i'r diwydiant gwlân barhau yn Nyfed, ym Mhowys y gwelwyd y twf cyflymaf.

Yn sgil y gwelliannau mewn nyddu, roedd gan y gwehyddion llaw gymaint o waith ag y gallen nhw ei wneud ac roedden nhw'n llewyrchus iawn. Yn 1785 dyfeisiodd Edmund Cartwright wŷdd pŵer. Er nad oedd yn beiriant da iawn, yr oedd yn ddechreuad. O fewn pedair blynedd dyfeisiodd wŷdd lawer gwell a gâi ei yrru gan injan stêm.

'Chwalwch y gwyddiau i achub ein swyddi'

Doedd pawb, fodd bynnag, ddim yn croesawu'r peiriannau newydd. Wrth i'r gwyddiau hyn gymryd lle'r gwyddiau llaw hen ffasiwn, colli eu pwysigrwydd wnaeth y gwehyddion. Wrth iddynt weld eu cyflogau'n gostwng a'u swyddi'n dechrau diflannu, mynd yn dlotach wnaeth y gwehyddion a'u teuluoedd. Mewn rhai ardaloedd bu terfysgoedd a maluriwyd y peiriannau oedd yn dwyn eu swyddi oddi arnyn nhw. Galwyd y terfysgwyr hyn yn **Ludiaid**, ar ôl cymeriad digon rhyfedd o'r enw Ned Ludd (gweler ffynhonnell Ch).

Y trefi cotwm

Wrth i'r boblogaeth gynyddu, roedd angen mwy o ddillad. Er bod gwlân yn dal i fod yn bwysig, cotwm oedd yr ateb. Roedd cotwm yn rhatach, yn haws i'w olchi ac yn iachach na gwlân. Daeth cotwm felly yn bwysig iawn ar ddechrau'r Chwyldro Diwydiannol.

C *(chwith)* Yn 1833, cyfansoddodd y bardd Robin Ddu Eryri y gerdd hon am y Drenewydd

Oherwydd yr hinsawdd addas, presenoldeb nifer mawr o weithwyr crefftus a lleoliad porthladd Lerpwl i dderbyn cargo o gotwm crai o'r Unol Daleithiau, datblygodd Swydd Gaerhirfryn yn ganolfan i'r diwydiant cotwm. Roedd Blackburn, Bolton, Preston, Bradford, Halifax, Leeds a Rochdale yn drefi pwysig yn nhwf y diwydiant tecstiliau. Cyn hir câi Manceinion - canolbwynt y cyfan - ei galw'n 'Cottonopolis'.

(isod ac ar y dde) Peiriannau nyddu cyflymach

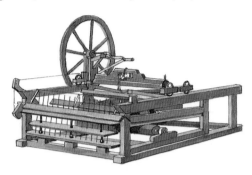

Dyfeisiwyd y Siani Nyddu gan James Hargreaves yn 1763. Roedd gan y peiriant olwyn oedd yn cylchdroi a olygai y gallai un person weithio nifer o werthydau ar yr un pryd

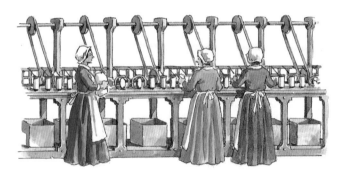

Cafodd y peiriant hwn ei ddyfeisio gan Richard Arkwright yn 1769. Roedd yn cael ei yrru gan ddŵr ac roedd yn gyflymach ac yn cynhyrchu gwell edafedd na'r Siani Nyddu

Byddai'r rheini oedd yn adnabod Ned Ludd yn synnu at ei enwogrwydd oherwydd dyn syml ydoedd yn byw mewn pentref … lle câi ei bryfocio gan blant creulon. Un diwrnod, dyma fe'n rhedeg ar ôl un o'r plant i mewn i fwthyn gerllaw. Fe gollodd ei afael ar y plentyn ac yn ei ddicter fe chwalodd ddwy ffrâm wau. Wedi hynny, Ned a gâi'r bai am unrhyw ffrâm a gâi ei chwalu yn yr ardal.

Ch Dyma ysgrifennodd yr hanesydd Christopher Hibbert am y 'Cadfridog Ludd' yn ei gyfrol *The English, A Social History* (1987)

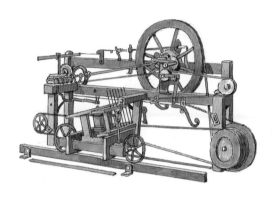

Cyfunodd Samuel Crompton syniadau Hargreaves ac Arkwright i wneud y peiriant gorau oll. Yr enw arno oedd 'y mul'

1 (a) **Pam yr oedd nifer o wehyddion yn croesawu'r peiriannau newydd ar y dechrau ond yna, ymhen amser, yn eu casáu?**

(b) **Gwnewch achos dros wrthwynebu'r peiriannau tecstiliau newydd hyn.**

2 **Gan ddefnyddio ffynhonnell Ch ac unrhyw wybodaeth arall, pa mor bwysig oedd Ned Ludd gyda gwrthwynebu'r newidiadau?**

3 **Gan ddefnyddio'r wybodaeth sydd yn y bennod hon a'ch syniadau chi eich hun, allwch chi feddwl pam yr oedd gogledd Lloegr yn well lleoliad ar gyfer y melinau cotwm na'r de?**

4 **Pam y datblygodd diwydiant gwlân yng nghanolbarth Cymru? Defnyddiwch ffynhonnell B a'r wybodaeth sydd yn y testun wrth ateb.**

5 **Gan ddefnyddio'r bennod hon ac eraill (e.e. ffynhonnell A ym Mhennod 1), pa mor dda fyddai teuluoedd yn gallu addasu i weithio o dan amodau newydd y ffatrïoedd?**

6 **Mae Arkwright yn cael ei alw weithiau yn dad system y ffatrïoedd.**
(a) **Beth mae hyn yn ei olygu?**
(b) **Ydych chi'n meddwl bod y teitl yn un teg?**

Diwydiannau newydd - pa newidiadau a ddaeth yn eu sgil?

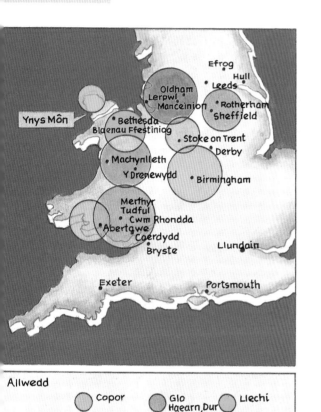

Ynys Môn

Efrog
Hull
Leeds
Oldham
Lerpwl
Manceinion
Rotherham
Sheffield
Bethesda
Blaenau Ffestiniog
Stoke on Trent
Derby
Machynlleth
Y Drenewydd
Birmingham
Merthyr
Tudful
Cwm Rhondda
Abertawe
Caerdydd
Bryste
Llundain
Exeter
Portsmouth

Allwedd

Copor	Glo Haearn, Dur	Llechi
Tecstiliau	Peiriannau Cemegion	Nwyddau gwlân	Crochenwaith

A   Diwydiannau Prydain

B   *(isod)* Ochr annymunol y Chwyldro Diwydiannol - tref Halifax yn y **bedwaredd ganrif ar bymtheg**

Nid cotwm oedd yr unig ddiwydiant i ffynnu. Roedd angen llawer mwy o haearn a glo hefyd i gwrdd â gofynion y Chwyldro Diwydiannol.

Haearn ...

Haearn bwrw gwael ei safon a gâi ei gynhyrchu gan y dulliau hen ffasiwn o **fwyndoddi** haearn. Roedd yn torri'n hawdd ac felly'n anaddas i'w ddefnyddio i wneud peiriannau. Yn 1784, defnyddiodd Henry Cort rodiau haearn i droi neu 'bydlo' haearn tawdd er mwyn llosgi'r amhureddau ynddo. O hyn byddai haearn gyr yn cael ei wneud. Ar yr un pryd, roedd 'pydlo' hefyd yn cael ei ddefnyddio ym Merthyr Tudful gan Peter Onions, fforman yng Ngwaith Haearn Cyfarthfa. Yn ne Cymru, roedd 'pydlo' yn cael ei ddisgrifio fel 'y dull Cymreig'. Yr ardaloedd haearn pwysicaf oedd Merthyr Tudful, Glyn Ebwy a Blaenafon yn ne Cymru, a Swydd Efrog a Chanolbarth Lloegr.

... a glo

Gyda mwy o haearn yn cael ei fwyndoddi a datblygu pŵer stêm, roedd angen mwy o lo. Roedd yn rhaid i lowyr felly gloddio'n ddyfnach ac ymhellach i fynd at wythiennau newydd cyfoethog. Roedd y prif feysydd glo yng nghymoedd de Cymru, Durham, Northumberland, Swydd Gaerhirfryn, Swydd Efrog, Swydd Nottingham, Swydd Derby a Swydd Stafford.

Diwydiannau eraill

Yn ychwanegol at haearn a glo, roedd de Cymru hefyd yn bwysig am fwyndoddi copor. Byddai'r copor yn cyrraedd Abertawe o Ynys Môn a Chernyw. Glandŵr, ger Abertawe, a Chastell-nedd oedd y canolfannau mwyndoddi copor mwyaf yn y byd. Roedd angen copor i wneud gwifrau a hoelion, ac i orchuddio gwaelod llongau. Gyda'r

plwm a gâi ei fwyngloddio yn Nyfed a Chlwyd, roedd Cymru hefyd yn un o'r ardaloedd pwysicaf am gynhyrchu plwm ym Mhrydain.

Daeth Canolbarth Lloegr, y 'Midlands', sef yr ardal o gwmpas Birmingham, yn enwog am wneud peiriannau a chynhyrchu cemegion. Roedd angen clorin, soda ac asid sylffwrig i wneud cannydd a llifyn, ffosfforws i wneud matsys ac asid nitrig i wneud ffrwydron. Am reswm amlwg, felly, cafodd yr ardal ei galw 'the Black Country'.

Roedd crochenwaith yn cael ei wneud yn Swydd Stafford gan fwyaf. Daeth y trefi o gwmpas Stoke-on-Trent yn enwog am gynhyrchu llestri tseina a phridd. Yn yr ardal hon y cynhyrchodd Josiah Wedgwood ei grochenwaith enwog ac y cynhyrchodd Thomas Turner y platiau poblogaidd â **phatrwm yr helygen** arnynt.

Enghraifft o blât patrwm yr helygen a wnaed gan Thomas Turner

Trefi a dinasoedd diwydiannol newydd

Yn sgil yr holl newidiadau hyn, symudodd nifer o bobl o'r wlad i'r trefi i chwilio am waith. Yn 1800, roedd 9 miliwn o bobl yn byw yng Nghymru a Lloegr a dim ond 10% ohonyn nhw oedd yn byw yn y trefi. Erbyn 1900, roedd y boblogaeth wedi cynyddu i dros 37 miliwn ac roedd 75% ohonyn nhw yn byw yn y trefi. Denodd y cyfle i ennill cyflog da yn y pyllau glo a'r gweithfeydd haearn nifer o weithwyr i dde Cymru. Daethant o ardaloedd gwledig Cymru a'r tu hwnt, o orllewin Lloegr ac Iwerddon yn arbennig. Yn ystod y bedwaredd ganrif ar bymtheg, bu cynnydd ym mhoblogaeth Cymru, a oedd yn 587,000 yn 1801, i dros 2 filiwn o bobl (gweler ffynhonnell C).

Thomas Malthus a'i ofnau

Pryderai Thomas Malthus, offeiriad o dde Lloegr, am yr hyn oedd yn digwydd. Tynnai ddarlun du iawn o'r dyfodol. Ysgrifennodd lyfr, *Essays on Population*, lle eglurodd ei resymau am ei ofnau. Dadl Malthus oedd na fyddai digon o fwyd a deunyddiau eraill i bawb petai'r boblogaeth yn dal i gynyddu ar y fath raddfa. Byddai hyn yn ei dro, dywedodd, yn arwain at dlodi a chaledi.

C Y cynnydd ym mhoblogaeth trefi Cymru a Lloegr rhwng 1801 ac 1901

	1801	1901
Caerdydd	2,000	164,000
Abertawe	6,000	95,000
Merthyr Tudful	8,000	69,000
Casnewydd	1,000	67,000
Wrecsam	4,000	15,000
Y Drenewydd	1,000	6,500

Y cynnydd ym mhoblogaeth rhai trefi yng Nghymru

Manceinion	84,000	866,000
Lerpwl	82,000	704,000
Leeds	53,000	429,000
Birmingham	71,000	523,000

Y cynnydd ym mhoblogaeth rhai trefi yn Lloegr

---

1 (a) Pa gliwiau sydd yn y bennod hon i egluro pam roedd rhai diwydiannau arbennig wedi ymddangos mewn mannau arbennig?

(b) Gwnewch restr o'r prif ffactorau sy'n pennu lleoliad tebygol diwydiant.

2 Gan ddefnyddio'r wybodaeth sydd yn y bennod hon a'r rhai cynharach, pam yr ymfudodd pobl o gefn gwlad Cymru i'r trefi?

3 Edrychwch ar ffynhonnell B.
(a) Ydych chi'n meddwl bod yr arlunydd o blaid neu yn erbyn y newidiadau? Rhowch resymau dros eich ateb.

(b) Pe baech chi am fod yn gwbl sicr fod yr arlunydd yn gywir, pa gwestiynau y byddech chi am ofyn iddo ef neu hi?

4 Yn y diwedd, doedd Malthus ddim yn iawn. Roedd ei syniadau yn swnio'n ddigon rhesymol, serch hynny. Allwch chi feddwl beth allai fod wedi digwydd fel na chafodd ei ofnau eu gwireddu?

Trefi'r ffatrïoedd

Gyda chynifer o bobl yn chwilio am waith, roedd perchenogion y ffatrïoedd yn gallu llogi dynion yn rhad. Wedi hynny, ychydig o sylw roedden nhw'n ei roi i'w gweithwyr; dim ond eu defnyddio i wneud cymaint o arian ag y medrent.

Amodau gwaith

Yn aml, byddai dynion yn cael cynnig gwaith ar yr amod bod eu gwragedd a'u plant yn gweithio yn yr un ffatri hefyd. Gweithiai'r dynion sifft hyd at un deg chwe awr y dydd. Fyddai'r gweithwyr ddim yn cael gwyliau a dim ond ar y Sul y byddent yn cael diwrnod o orffwys. Amrywiai'r cyflogau o un diwydiant i'r llall a byddai gweithwyr yn aml yn cael '**tâl sefydlog**', sef cael eu talu yn ôl yr hyn roeddent wedi'i gynhyrchu yn hytrach na'r oriau a weithiwyd.

Codwyd ffatrïoedd i ddal peiriannau ond ni roddwyd unrhyw sylw i gysur y gweithwyr. Roedd gwaith ffatri yn undonog a byddai'r gweithwyr yn gorfod dioddef sŵn aflafar y peiriannau. Ychydig o awyr iach a golau oedd yn y ffatrïoedd; roeddent yn fyglyd a llaith. Roedd peiriannau peryglus yno heb orchudd a digwyddodd damweiniau dychrynllyd. Am flynyddoedd lawer, ni wnaeth y llywodraeth unrhyw ymgais i edrych ar amodau gwaith. Gadawyd i'r perchenogion redeg eu ffatrïoedd a thrin eu gweithwyr fel y mynnent.

Plant yn gweithio yn y ffatrïoedd

Roedd disgwyl i blant weithio pan oeddent yn bump oed, a rhai yn iau na hynny. Byddent yn gofalu am beiriannau a'u glanhau, gan gropian o dan y peiriannau. Pe baent yn flinedig ac yn cysgu, byddai'r **goruchwyliwr** yn eu curo. Câi menywod a phlant lai o gyflog na dynion.

That from and after this Date, One Months' Notice will be given and required, and subject to the following RULES AND REGULATIONS:—

If any Workman absents himself from his Work (unless in case of Illness or by Permission of the Agent or Foreman of his department), a Deduction will be made from his Wages as follows:—

FINERS.—For every Turn lost, 1d. per Ton upon the Iron made by them during the Week.

PUDDLERS.—For every Turn, 3d. per Ton on the Iron made by them in each Week.

HEATERS.—For every Turn, 1d. per Ton on the Iron made by them in each Week.

From every description of Workmen, for the Loss of One Turn, 1s. in the Pound upon their Week's Earnings.

From every Man who leaves his Work during his Turn (without Permission), 2s. 6d. in the Pound upon his Week's Earnings.

For Dowlais Iron Co.,

JOHN EVANS.

Dowlais Iron Works,
12th May, 1853.

M. W. WHITE, PRINTER AND BOOKSELLER, MERTHYR-TYDFIL.

A   Hysbysiad ynglŷn ag amodau gwaith mewn ffatri

B   Llun cyfoes o blant yn gweithio mewn ffatri

Y prentisiaid amddifad

Roedd cyflwr plant amddifad yn druenus iawn. Heb rieni i ofalu amdanynt, rhoddwyd hwy yng ngofal y **plwyf** a'u hanfon i weithio fel **prentisiaid** yn y ffatrïoedd lleol. Y bwriad oedd dysgu crefft iddynt, ond yn aml fe gaen nhw eu cam-drin a'u defnyddio fel llafur rhad. Mewn tai llety y byddent yn byw a bach iawn oedd eu cyflog neu ddim o gwbl heblaw eu cadw. Prin y bydden nhw'n cael digon i'w fwyta. Dydy hi ddim yn syndod i rai redeg i ffwrdd.

Apprentice Absconded.

RUN AWAY, from Cromford Cotton Mills, in the County of Derby; JOHN FLINT, by Trade a Joiner; he is a stout young Man, about 20 Years of Age, Red Hair, and has a Mole on his Face.

Whoever will give Information to Mr. RICHARD ARKWRIGHT, of Cromford aforesaid, of the Person that Employs the above Apprentice, shall be handsomely rewarded for their Trouble.

Ch 'Prentis ar Ffo'. Hysbyseb yn y *Derby Mercury* yn gofyn am wybodaeth am brentis a oedd wedi dianc

Mae'r damweiniau sy'n digwydd yn niferus ac yn ddifrifol ... Digwydd llawer am nad oes ffensys o gwmpas y peiriannau ... Dioddefodd llawer anafiadau difrifol am i siôl y gwragedd neu eu gwallt hir neu lewysau llac y bechgyn gael eu dal yn y peiriannau.

C Adroddiad Seneddol yn 1842

Codant cyn toriad gwawr ... Yn ystod y dydd ... cânt eu heidio i gyd mewn un ystafell lle mae'r gwres yn annioddefol ... ar ddiwedd y dydd ânt adref wedi llwyr ymlâdd yn gorfforol ac yn feddyliol.

D Mewn llyfr a ysgrifennodd yn 1833, disgrifiodd Peter Gaskell fywyd mewn ffatri

Dd *(chwith)* Cartŵn gan Robert Bruickshank

---

1 Edrychwch ar ffynonellau B a Dd.
   (a) Beth sy'n debyg rhyngddynt?
   (b) Beth sy'n wahanol rhyngddynt?
   (c) Am fod ffynhonnell B yn edrych yn fwy byw, mae'n rhaid ei bod yn fwy cywir na ffynhonnell Dd. Ydych chi'n cytuno?
   (ch) A oes unrhyw dystiolaeth yn y bennod hon sy'n groes i'r hyn sydd yn y ffynonellau hyn?

2 Edrychwch ar ffynhonnell Ch. Pam ydych chi'n meddwl yr oedd Richard Arkwright mor awyddus i gael yn ôl y prentis a redodd i ffwrdd?

3 Gan ddefnyddio eich gwybodaeth eich hun a'r hyn sydd yn y bennod hon, nodwch pa amodau gwaith o'r cyfnod hwnnw fyddai'n cael eu gwahardd heddiw.

A Prisiau nwyddau tua chanol y 19eg ganrif
Mae 1 pwys yn gywerth â 0.454 kilogram
Mae 1 peint yn gywerth â 0.568 litr

B Tocyn gwerth swllt (5c) yn 'daladwy mewn nwyddau' a gâi ei ddefnyddio yng Ngwaith Haearn Penydarren ym Merthyr Tudful

C (dde) Y math o dai a godwyd i weithwyr y trefi diwydiannol

Cyflogau, prisiau a thai

Roedd disgyblaeth yn llym iawn i bob gweithiwr. Byddai'n rhaid i bawb a fyddai'n torri rheolau'r gwaith dalu dirwy, er enghraifft am gyrraedd yn hwyr, cysgu yn y gwaith, bod yn esgeulus neu am siarad â rhywun arall. Byddai fforman bob amser wrth law i wneud yn siŵr fod y gwaith yn cael ei wneud yn iawn a bod y gweithwyr yn cadw at y rheolau. Dywedodd gweithiwr ffatri yn 1834 ei fod yn ennill £1.02 am weithio 72 awr yr wythnos. Câi ei wraig 45c a'i ferch 20c. Wrth gwrs, pe bai gweithiwr adref yn sâl, ni châi'r un ddimai goch! Gweler ffynhonnell A i weld beth allai ei brynu â'i arian.

Siopau tryc

Doedd hi ddim yn anarferol i berchenogion y ffatrïoedd redeg eu siopau eu hunain - y **siopau tryc**. I wneud yn siŵr y byddai'r dynion yn gwario o leiaf beth o'u harian yn y siopau hyn, byddai rhywfaint o'u cyflogau yn cael ei dalu ar ffurf arian tryc. Roedd prisiau'r siopau hyn yn uchel a safon y nwyddau yn wael. Yr enw ar y system annheg hon oedd y **system dryc**.

Cyflwr cartrefi'r gweithwyr

Dibynnai'r gweithwyr ar eu meistri nid yn unig am eu cyflogau ond hefyd am eu cartrefi. O gwmpas y ffatrïoedd, adeiladwyd rhesi o dai yn glòs, gefn wrth gefn, gan y perchenogion. Dim ond dwy ystafell oedd yn y tai lleiaf, un i fyny ac un i lawr. Tai cerrig â tho llechi oeddent. Doedden nhw ddim wedi eu hadeiladu i unrhyw gynllun penodol ond yn raddol fe'u gwelwyd yn tyfu blith draphlith ar draws ei gilydd. Talai'r gweithwyr rent am eu cartrefi ac roedd hwnnw'n cael ei dynnu o'u cyflogau. Er mwyn ennill ychydig mwy o arian, byddai rhai teuluoedd yn cymryd lletywyr i fyw gyda nhw yn eu cartrefi. Byddai'r tai felly yn orlawn o bobl. Doedd yna ddim tai

bach o fewn y tai ond yn hytrach glosedau i'w defnyddio gan bawb yn y strydoedd cefn y tu ôl i'r tai. Byddai'n rhaid cario dŵr o'r tapiau yn y strydoedd. Doedd gan y gweithwyr tlotaf ddim cartrefi ond byddent yn chwilio am do uwch eu pen mewn hen gytiau. Gwnâi'r bobl y gorau o'r tai llawn chwain, afiach. Gyda'r bibell ddŵr yn agos iawn at y ffosydd carthion heb eu trin, roedd yna berygl bob amser y byddai **epidemig** o **ddysentri** a **cholera**.

Roedd y stafell mewn cyflwr ofnadwy … carthion ym mhob man a'r drewdod yn llenwi'r stafell. Roedd y gwelyau yn ddu ac yn sgleinio gan chwys … ysgubais gynrhon o dan y gwely …

Mae 'na byllau: mae dŵr yn casglu yn y pyllau hynny y taflwyd cŵn a chathod marw iddynt … mae'r dŵr yn dal i gael ei ddefnyddio i goginio.

Ch Yn 1852 ymddangosodd y disgrifiad hwn o dŷ yn y *Bath Chronicle*

D Dyfyniad o Bapurau'r Senedd, 1849

Dd Roedd canol nifer o drefi a dinasoedd yn orlawn. Dyma ddehongliad arlunydd cyfoes o Gaerdydd yng nghanol y bedwaredd ganrif ar bymtheg

1 (a) Heddiw, fyddai pobl ddim yn fodlon gweithio o dan y fath amodau dychrynllyd. Pam nad oedd gweithwyr bryd hynny yn barod i godi llais yn eu herbyn?

 (b) 'Roedd y newidiadau yn tueddu i fod yn well i wragedd a phlant nag i ddynion.' Oes tystiolaeth yn y bennod hon i gefnogi'r farn hon?

 (c) Pam ydych chi'n meddwl mai ychydig a wnaeth y Llywodraeth i wella amodau gwaith?

2 Pe baech chi wedi bod yn gyfrifol am incwm teulu yn gweithio mewn ffatri, sut y byddech chi wedi gwario cyflog wythnos? Gwnewch restr a nodwch pa fath o brydau y gallai'r teulu fod wedi eu cael.

3 Oedd y tai oedd yn cael eu codi ar yr adeg hon yn fwy afiach na'r rheini oedd yn perthyn i gyfnod cynharach? Efallai y bydd ffynhonnell C yn y bennod hon, a ffynonellau B a C ym Mhennod 2 yn ddefnyddiol.

Mae Mr Anthony Hill yn ŵr bonheddig. Mae Mr Bailey yn ŵr crintachlyd a chyfrwys. Mae Mr Crawshay y tu hwnt i bob rheol a disgrifiad ac yn amhosib ei ddwyn i gyfrif.

A Yn ei dyddiadur, gwnaeth y Fonesig Charlotte Guest nodiadau am feistri haearn y dref

B Llun Penry Williams o'r tu mewn i Waith Haearn Cyfarthfa

Cai pydlwr £1.75 yr wythnos a morthwylwyr £2. Byddai'r asiant gwerthu'n ennill £1,000 y flwyddyn a'r rheolwr yn cael £750. Y flwyddyn honno, gwnaed elw o £59,038!

C *(uchod)* Mae'r llyfr, *Merthyr Historian,* yn rhoi manylion am gyflogau yng Ngwaith Dowlais yn 1845

Merthyr Tudful - tre'r ffwrneisi

Dechreuodd Merthyr Tudful ddatblygu yn ystod blynyddoedd cynnar y Chwyldro Diwydiannol. Erbyn 1851 roedd y boblogaeth wedi cynyddu i 46,000 a hon oedd y dref fwyaf yng Nghymru o bell ffordd.

Y gweithfeydd haearn a'r meistri haearn

Tyfodd y dref o gwmpas nifer o weithfeydd haearn. Sefydlwyd Gwaith Haearn Dowlais gan Thomas Lewis o Lanishen gyda John Guest yn rheolwr. Sefydlwyd Gwaith Haearn Plymouth gan Anthony Bacon a Gwaith Haearn Penydarren gan Francis Homfray. Teulu lliwgar y Crawshay a fu'n gyfrifol am Waith Haearn Cyfarthfa am genedlaethau lawer. Y sylfaenydd oedd Richard Crawshay, cyflogwr caled ond teg. Daeth ei fab ac yna ei ŵyr i'w ddilyn, ill dau'n William. Adeiladodd yr ail William gartref gwych iddo'i hun, Castell Cyfarthfa ond, fel y gwelwn, bu'n rhaid iddo ddelio â therfysgoedd difrifol yn y dref. Yna daeth ei fab, Robert Thompson Crawshay, dyn tanllyd a styfnig nad oedd yn cyd-dynnu'n dda â'i weithwyr na'i deulu! Gwaith Haearn Dowlais oedd y mwyaf yn y byd. Erbyn 1845 roedd yn cyflogi 7,300 o ddynion, gwragedd a phlant a châi 89,000 tunnell fetrig o haearn eu cynhyrchu bob blwyddyn o'r deunaw ffwrnais.

Gweithio yn y ffwrneisi

Roedd angen sgiliau gwahanol weithwyr i wneud haearn. Gwaith y pydlwyr oedd troi'r haearn tawdd, byddai'r morthwylwyr yn ei forthwylio a byddai'r dalwyr yn tynnu'r barrau haearn drwy'r rholeri. Roedd cyflogi plant yn arferol, fel yn y pyllau glo. Yn 1866, roedd Gwaith Dowlais yn cyflogi 669 o fechgyn a merched rhwng deg oed a thair ar ddeg. Byddai'r bechgyn yn codi drysau'r ffwrneisi ar agor drwy dynnu wrth gadwyni a byddai bechgyn a merched eraill yn llusgo wagenni'n llawn marwor i'r tomennydd o gwmpas y dref.

Pan oedd galw am haearn, byddai cyflog y gweithwyr haearn yn dda ond pan oedd llai o alw amdano, byddai'r meistri yn gostwng eu cyflog.

Ch *(isod)* Merthyr Tudful yn 1830. Gellir gweld cartref teulu'r Crawshay - Castell Cyfarthfa - y tu ôl i'r gweithfeydd a thai'r gweithwyr

Y dref a'i phobl

Daeth llawer i'r dref i chwilio am waith. Daethant yn bennaf o gefn gwlad Cymru, Lloegr ac Iwerddon. Erbyn 1862 roedd 10,634 o dai ym Merthyr.

Roedd tai'r gweithwyr yn fychan ac mewn rhai mannau, doedd yna ddim dŵr glân a charthffosiaeth o gwbl. Roedd y tai yn orlawn. Weithiau byddai'n rhaid i deuluoedd rannu tai a byddai'r rhan fwyaf yn cadw lojer. Yr ardal waethaf oedd yr hofelau gefn wrth gefn a gâi ei galw'n 'China'.

Yn 1849, lledodd colera drwy'r dref a bu farw 1,382 o bobl. Lledodd haint arall yn 1866. Pan fyddai'n anodd arnyn nhw, byddai pobl yn mynd â'u heiddo i **siop wystlo**. Pe baen nhw'n mynd i ddyled, gallai **Cwrt y Deisyfion** hawlio eu dodrefn a'u nwyddau. Roedd siopau tryc yn y dref, a châi nwyddau o ansawdd gwael eu cyfnewid yno am arian tryc am brisiau uchel. Ni ddefnyddiodd teulu'r Crawshay y system dryc erioed a byddent yn ymffrostio eu bod bob amser 'yn talu arian caled am waith caled'. Dangosai'r Fonesig Charlotte Guest, gwraig perchennog Gwaith Dowlais, ddiddordeb yn lles y bobl a chyflwr ysgolion a thlotai lleol.

Roedd y diwydiant haearn yn dal i ffynnu tan ganol y bedwaredd ganrif ar bymtheg. Yna pan newidiodd y galw i ddur (a mwyn haearn yn cael ei fewnforio o dramor), symudodd y diwydiant o Ferthyr i well safleoedd ar yr arfordir ym Mhorth Talbot, Llansawel, Aberafan, Castell-nedd ac Abertawe. Llusgo ymlaen wnaeth y diwydiant ym Merthyr am nifer o flynyddoedd eto ond roedd yr oes aur drosodd.

> *Mae golwg wedi rhuddo ac wedi duo ar y bryniau o gwmpas y dref … Mae'r tai ar y cyfan yn ddiflas ac yn ddi-nod … Mae ym Merthyr, fodd bynnag, nifer o adeiladau nodedig er eu bod yn dywyll, yn frawychus ac yn Satanaidd eu golwg.*

Dd Yn 1854 dechreuodd George Borrow ar ei daith o gwmpas Cymru. Yn ei lyfr, *Wild Wales*, mae'n disgrifio Merthyr

> *Aeth Dic o dan y bwa ac i mewn i China. Roedd y lonydd yn llawn o weithwyr yr Ynys a Chyfarthfa. Syllai wynebau doeth, rhy hen i farw, i lawr drwy'r ffenestri toredig wrth iddo fynd heibio, syllai plant llwglyd, gwastraff yr haearn, i fyny o ddrysau'r tai. Gwaeddai cardotyn ei wawd arno, gan ysgwyd ei fonion, Dai Dim Breichiau na allai fynd drwy'r rholeri.*

D Mae sôn am 'China' yn nofel Alexander Cordell, *The Fire People*

E Criw o weithwyr haearn Merthyr

---

1 (a) I ba raddau y mae ffynhonnell B yn cefnogi'r paragraff sy'n disgrifio'r gwaith haearn?

(b) Pa dystiolaeth sy'n awgrymu bod y newidiadau diwydiannol wedi bod o les i rai gweithwyr?

2 Mae nifer o gliwiau yn y bennod hon sy'n dangos bod yr amodau byw yn nhai'r gweithwyr yn annymunol. Defnyddiwch y cliwiau hyn i'ch helpu i ysgrifennu paragraff am yr amodau byw ym Merthyr Tudful.

3 (a) Ydych chi'n meddwl bod ffynhonnell Ch yn ddarlun cywir o'r math o dref yr oedd Merthyr Tudful yn 1830 i fyw ynddi? Rhowch resymau dros eich ateb.

(b) 'Darn o stori sydd yn ffynhonnell D a ffotograff yw ffynhonnell E. Gallwn ddibynnu ar y ffotograff ond nid ar y stori.' Fyddech chi'n cytuno?

4 A oedd yr amodau gweithio i blant ar yr adeg yma yn well mewn melin wlân neu mewn gwaith haearn? Defnyddiwch wybodaeth o'r ffynonellau hyn ac eraill (er enghraifft ffynhonnell B ar dudalen 18) i'ch helpu.

Glo Cymru

Mae dau faes glo yng Nghymru. Mae'r mwyaf o'r ddau a'r pwysicaf yn ne Cymru ac yn ymestyn ar draws y rhan fwyaf o Forgannwg Ganol a Gwent. Mae maes glo llai yng ngogledd Cymru.

Y galw am lo

Cafwyd y glo cyntaf o ochrau'r bryniau lle roedd yn agos i'r wyneb. Yna cloddiwyd siafftiau i lawr o dan y ddaear a chodi glo o waelod y pwll. Oherwydd eu siâp, cawsant eu galw'n 'byllau cloch'. Gyda'r angen cynyddol am lo i fwyndoddi, i yrru peiriannau ac, yn fuan, i yrru trenau a llongau, bu cynnydd aruthrol yn y galw am lo. Wrth i'r pyllau ffynnu, agorwyd mwy eto ac anfonwyd y dynion i gloddio ymhellach ac ymhellach i mewn i'r gwythiennau. Roedd galw mawr am lo Cymru a châi ei anfon i Lundain i'w allforio dramor.

Ymhlith meistri glo enwocaf Cymru oedd Thomas Powell, John Nixon a Walter Coffin. Sefydlodd David Davies, yn wreiddiol o Landinam, Gwmni'r Ocean yn y Rhondda. Glo oedd tanwydd y Chwyldro Diwydiannol ac oherwydd ei bwysigrwydd byddai pobl yn cyfeirio ato fel 'King Coal'.

Codi'r glo

Y dull mwyaf cyffredin o gloddio am lo oedd gweithio talcenni. Byddai'r glowyr yn tynnu'r glo o'r man lle roedden nhw'n gweithio, sef y talcen, ond yn gadael pileri o lo i ddal y to i fyny. Byddai'r twneli'n edrych fel diliau mêl ac roedd llawer o wastraff yn cael ei adael ar ôl. Yn raddol dechreuwyd gweithio talcenni hir ac wrth i'r gweithwyr symud yn eu blaen fe fydden nhw'n defnyddio pyst i ddal y to i fyny. Pan gâi'r pyst eu tynnu oddi yno, câi'r gwagle ei lenwi â rwbel.

Câi ffrwydron eu defnyddio i dorri'r graig ond gweithiai glowyr ar y ffas lo gyda chaib a rhaw i dorri'r glo. Roedd cloddio am lo yn waith peryglus ac, wrth i'r glowyr fynd yn ddyfnach ac ymhellach o ben y pwll i gyrraedd gwythiennau newydd mwy cyfoethog, roedd y peryglon hefyd yn fwy. Roedd tuedd i'r pyllau orlifo ac fe allai'r graig gwympo neu danchwa ddigwydd ar unrhyw adeg. Roedd angen awyr iach i gael gwared ar aer afiach a nwyon y pwll. Roedd defnyddio tanau i greu awel yn beryglus ac yn lle hynny defnyddiwyd drysau i reoli'r llif aer. Er y gallai dim ond un wreichionen achosi tanchwa, byddai glowyr yn defnyddio canhwyllau i gael golau. Yn 1815, fodd bynnag, dyfeisiwyd lamp gan Syr Humphry Davy a leihaodd y risg yn sylweddol. Golau gwan iawn oedd i'r lamp ond gallai hefyd ddangos a oedd nwy yno. Roedd y gwastraff o'r pyllau yn cael ei symud a'i ollwng ar ochrau'r llethrau cyfagos yn domennydd hyll.

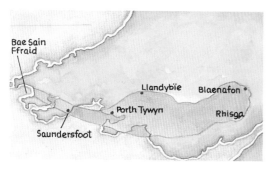

Maes glo de Cymru

A Dehongliad arlunydd o bwll glo Port Talbot a agorwyd yn 1847

B Fe welwch yn y llun yma yr amodau gwaith o dan ddaear (1910)

Plant yn y pyllau

Hyd nes y pasiwyd deddfau yn eu hatal, byddai gwragedd a phlant yn cael eu cyflogi yn y pyllau. Yn 1841, o'r 45,000 o bobl a weithiai ym mhyllau de Cymru, roedd 10,000 o dan 18 oed a 3,000 o dan 13 oed. Byddai bechgyn a merched tua phump neu chwech oed yn gorfod eistedd wrth y drysau, tra gweithiai'r plant hŷn yn tynnu'r tramiau. Fe fydden nhw'n cael eu clymu i'r tramiau'n llawn glo ac yna'n tynnu'r llwythi trwm ar hyd y twneli cul.

Yn 1854, cynhyrchwyd dros 8 tunnell fetrig o lo o faes glo de Cymru. Ac roedd blynyddoedd gwell i ddod! Mae'r ffigurau isod yn dangos y cynnydd yn y cynnyrch.

1854	8,636,000 tunnell fetrig
1875	14,400,000 tunnell fetrig
1885	24,733,000 tunnell fetrig
1895	33,570,000 tunnell fetrig
1900	39,959,000 tunnell fetrig

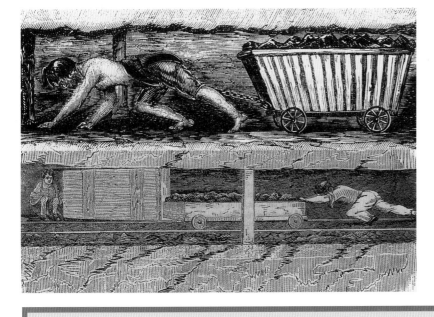

Blwyddyn	Lle	Nifer a fu farw
1855	Cymer	114
1860	Rhisga	145
1867	Ferndale	178
1878	Aber-carn	268
1880	Rhisga	119
1890	Llannerch	176
1890	Parc Slip	116
1894	Cilfynydd	290
1905	Wattstown	119
1913	Senghennydd	439

C Rhai trychinebau ym mhyllau glo Cymru lle collodd cannoedd o lowyr eu bywydau

Haliwr ydw i ... Rydw i yn gweithio yma ers pum mlynedd. Rydw i'n cael un swllt ar ddeg [55c] yr wythnos. Rydw i'n dechrau am chwech y bore ac yn gweithio am ddeuddeg awr y dydd.

Ch Dyma oedd gan ferch 13 oed i'w ddweud am ei gwaith wrth arolygwr y pyllau yn 1842

D (chwith) Lluniau o adroddiad gan y Llywodraeth, 1842, yn dangos gwaith plant yn y pyllau

---

1 Pa wybodaeth y mae ei hangen arnoch cyn y gallwch ddweud yn bendant a ydyw ffynhonnell D yn gywir ai peidio?

2 Pa gliwiau sydd yn y bennod hon ynglŷn â'r peryglon i iechyd pobl oedd yn gweithio yn y pyllau glo yng Nghymru?

3 Allwch chi awgrymu rhesymau pam yr oedd y diwydiant glo yn bwysicach yn ne Cymru nag yng ngogledd Cymru - ar wahân i faint o lo oedd ar gael yno?

4 (a) Pa newidiadau y byddai hen ŵr neu wraig oedd yn byw yn 1900 wedi sylwi arnynt wrth iddo/iddi dyfu i fyny yn ardaloedd glofaol de Cymru?

(b) Pa newidiadau fyddai'r rhai pwysicaf, iddyn nhw?

5 Wedi edrych ar nifer o ddiwydiannau, pa mor bwysig ydych chi'n credu oedd plant i sicrhau llwyddiant y newidiadau diwydiannol? Rhowch resymau dros eich ateb.

A Cymuned lofaol. Y pwll glo a thai teras y glowyr ym Mlaengarw

B Glöwr yn llenwi ei dram â glo

Roedd 'na hen goel fod menyw â llygaid croes neu jac-y-rhaca yn dod ag anlwc. Credai rhai y dôi anlwc o weld pioden neu robin a byddent yn troi yn eu hôl adref pe baent yn gweld un ar eu ffordd i'r gwaith.

C Roedd rhai glowyr yn ofergoelus iawn

Y glowyr a'u teuluoedd

Roedd hi'n galed iawn ar y glöwr a'i deulu. Oherwydd y caledi a gâi ei ddioddef gan bawb, byddai'r teuluoedd o gwmpas y pyllau glo yn gymunedau clòs iawn.

Gweithio yn y pwll

O dan ddaear, byddai'r glowyr yn gweithio bob yn ddau ac roedd gan bob glöwr ei 'byti'. Roedd y glowyr yn cael eu talu yn ôl y glo a gâi ei gynhyrchu ganddynt ac roedd yn rhaid iddyn nhw dorri'r glo mewn talpiau mawr.

Gallai dynion gael eu dirwyo am dorri cnapiau o lo yn ddiangen. Fe fydden nhw'n bwyta eu bwyd ar y ffas lo a châi'r bara a'r caws eu golchi i lawr gan de oer. Roedd y glowyr yn derbyn rhywfaint o lo am ddim at eu defnydd eu hunain. Doedd y glowyr i gyd ddim yn gweithio ar y ffas lo. Roedd rhai yn gweithio ar y ffyrdd, eraill fel halwyr neu atgyweirwyr ac roedd angen ostleriaid hefyd i ofalu am y merlod. Roedd rhai yn gweithio ar yr wyneb fel gofaint ac eraill yn didoli ac yn pwyso'r glo. Roedd gan nifer o lowyr lysenwau doniol Twm Wasgod Bert, Bob Un Glust, Wil Un Fagal a John Tatws *Raw*.

Y pwll - traddodiad teuluol

I'r rhan fwyaf o fechgyn, ychydig o gyfle oedd i ddianc o'r pwll glo. Roedd y pwll bellach yn draddodiad teuluol a byddai'r bechgyn yn cymryd yn ganiataol y bydden nhw'n dilyn eu tadau i lawr y pwll. Byddai'r bechgyn hyd yn oed yn edrych ymlaen at yr adeg pryd y gallen nhw fynd i weithio gyda'u tadau a'u hewythrod ac ennill arian.

Bywyd y glöwr

Roedd sŵn yr hwter i'w glywed ar ddechrau ac ar ddiwedd pob sifft, a golygai cyfres o synau sydyn fod damwain wedi digwydd. Byddai glowyr yn dioddef nid yn unig o anafiadau corfforol ond hefyd o **newmoconiosis** o ganlyniad i anadlu aer yn llawn llwch glo. Roedd rhai cyflogwyr yn fwy ystyriol na'i gilydd. Roedd John Nixon, a aned yn Durham ac a oedd yn berchen ar byllau yng Nghwm Cynon, a David Davies gyda'r gorau. Cyfrannodd rhai at godi neuaddau, llyfrgelloedd ac institiwt y glowyr.

David Davies, Llandinam

Dyn o gartref digon cyffredin oedd David Davies. Yn un o un ar ddeg o blant, fe adawodd yr ysgol yn un ar ddeg oed a gweithio fel llifiwr. Davies 'Top Sawyer' oedd ei lysenw. Roedd yn ddyn cryf, llawn egni. Cynilodd ddigon o arian i ddechrau ei fusnes ei hun. Cyfrannodd at adeiladu'r rheilffyrdd ac roedd yn berchen ar byllau glo yng Nghwm Rhondda. Daeth Davies yn ddyn cyfoethog iawn a chafodd ei ethol yn Aelod Seneddol dros Aberteifi. Roedd hefyd yn ŵr crefyddol iawn a rhoddodd yn hael i achosion da.

Gan fod cyflog y glowyr yn dibynnu ar bris glo, roedden nhw'n cael mwy pan oedd galw mawr am lo. Roedden nhw bob amser yn barod i wneud safiad yn erbyn cyflogwr annheg ond yn tueddu i fod yn wyliadwrus o'r rheini a oedd yn garedig wrthynt.

Y cartref

Gan fod popeth yn dibynnu ar y pwll, y pwll hefyd oedd canolbwynt bywyd teuluol a bywyd y gymuned. Roedd y glowyr a'u teuluoedd yn byw yn glòs wrth ei gilydd wrth ymyl y pwll mewn rhesi o dai teras. Roedd y rheolwyr a'r swyddogion yn cael tai mwy na'r glowyr cyffredin. Roedd y tai yn syml iawn gydag ystafelloedd byw a chysgu a thân i goginio a gwresogi. Syml iawn oedd y dodrefn hefyd - bwrdd, cadeiriau, ambell i gwpwrdd a gwely. Heb gawodydd ar ben y pwll, roedd y dynion yn cyrraedd adref yn ddu gan lwch y glo ac yn ymolchi yn y bath sinc gyda dŵr a dwymwyd ar dân y gegin.

Cadwai gwraig y glöwr ei hun yn brysur yn coginio, trwsio a golchi dillad a chadw tŷ. Yn ychwanegol at ei theulu ei hun, roedd yn aml yn gorfod edrych ar ôl lojer hefyd.

Ar y Sul, byddai'r teulu yn gwisgo eu dillad parch ac yn mynd i'r capel. Gwisgai'r dynion siwt a gwasgod, esgidiau cryf a chap neu het gron galed. Âi'r gwragedd yn eu sgertiau hir, blowsys gwddw uchel a hetiau blodeuog.

D Glöwr yn ymolchi cystal ag y gall o flaen tân y gegin

Ni fyddai byth yn gorfodi i neb wneud rhyw waith nad oedd am ei wneud ... Anaml iawn y byddent yn cwyno a chlywid dynion yn dweud ei bod yn well ganddynt weithio i David Davies am swllt y dydd yn llai nag i gyflogwyr eraill.

Ch Yn ei lyfr *David Davies - Topsawyer*, eglurodd Peter Lewis pa fath o berthynas oedd rhwng Davies a'i weithwyr

Ro'n i mewn tŷ lojin gyda chwech neu saith glöwr arall. Dim ond tair ystafell wely oedd 'na felly byddem yn cysgu yn y gwely yn ein tro. Rhedwn adre nerth fy nhraed i fod yn gyntaf i gael bath.

Dd Glöwr yn sôn am ei ddiwrnod gwaith yn *Coalface* gan Richard Keen

---

1 (a) **Pam ydych chi'n meddwl doedd perchenogion y pyllau ddim am i'r gweithwyr dorri'r glo yn ddarnau bach?**
(b) **Pam ydych chi'n meddwl bod y cymunedau glofaol mor glòs?**

2 **Edrychwch ar ffynhonnell C. Gan mai sôn am hen ofergoel y mae, does ganddi ddim byd defnyddiol i'w ddweud wrthym am fywyd y glowyr. Ydych chi'n cytuno?**

3 **Ym mha ffordd y mae ffynonellau D a Dd yn cefnogi'r hyn a ddywedwyd yn gynharach yn y bennod hon am fywyd y cartref?**

4 **O'r gwahanol ddiwydiannau y buoch yn edrych arnynt hyd yn hyn, pa rai yn eich barn chi oedd fwyaf peryglus i'r canlynol:**
(a) **dynion;**
(b) **gwragedd;**
(c) **plant?**
Rhowch resymau dros eich ateb.

5 **Casglwch ynghyd y dystiolaeth sydd yn y bennod hon er mwyn ysgrifennu am ddiwrnod nodweddiadol ym mywyd glöwr yn y bedwaredd ganrif ar bymtheg. Ceisiwch sôn am eu barn a'u teimladau am y math o waith roedden nhw'n ei wneud, eu hamodau byw a'r amgylchedd o'u cwmpas.**

9 $\mathcal{L}$lechi Cymru

Tra oedd cloddio am lo a chynhyrchu haearn yn tyfu'n ddiwydiannau pwysig yn ne Cymru, y chwareli llechi oedd y prif ddiwydiant yng ngogledd Cymru. Craig a ffurfiwyd yn y fath fodd fel y gellir ei rhannu'n hawdd yn haenau yw llechen.

Richard Pennant oedd perchennog un o'r chwareli mwyaf. Roedd yn fab i fasnachwr o Lerpwl a wnaeth ei ffortiwn yn y planhigfeydd siwgr yn Jamaica. Priododd Pennant ag etifeddes rhan o stad y Penrhyn yn Eryri. Prynodd chwareli'r ardal oddi ar eu perchenogion ac agorodd ei chwarel ei hun ym Methesda. Agorwyd chwareli eraill yn Ffestiniog a Llanberis. Cafodd Bethesda a phentrefi eraill y chwareli megis Ebeneser, Hebron a Salem eu henwi ar ôl capeli'r ardal.

Cynyddodd pwysigrwydd llechi am fod eu hangen i doi y tai newydd yn nhrefi diwydiannol Cymru a Lloegr. Roedd llechi hefyd yn cael eu defnyddio mewn ffyrdd eraill. Gallai llechi gael eu defnyddio i wneud lloriau a waliau a byddai plant yn dysgu ysgrifennu arnyn nhw â sialc. Byddai ysgolion yn rhoi 'llechen' i bob plentyn ac ar ôl ei ddefnyddio unwaith gallai gael ei sychu'n lân.

Gweithio yn y chwarel a thorri llechi

Gallai'r llechi gael eu torri'n syth o ochr y mynydd neu eu cloddio o wythiennau o dan y ddaear. Roedd yn waith peryglus. Byddai raid i greigwyr ar ysgolion neu'n hongian ar raffau o'r to osod y ffrwydron yn eu lle. Ar ôl cloddio'r llechi, fyddai dim ar ôl ond ogof gron anferth. Fel gyda'r diwydiannau glo a haearn, byddai gwastraff y chwareli yn cael ei bentyrru ar y llethrau o gwmpas. Gweithiai'r chwarelwyr mewn timau - y 'creigiwr' yn tynnu'r talpiau mawr o lechi o'r graig, 'holltwyr' yn hollti'r llechen yn haenau tenau ac yna'r 'naddwr' yn ei thorri i'r maint gofynnol. Gan fod rhaid i lechi to fod lai na hanner centimetr o drwch, roedd angen crefft arbennig i hollti'r llechen ond gallai prentisiaid ei naddu.

Roedd hi'n arferiad i reolwr y chwarel daro 'bargen' ag arweinydd y tîm. Yna rhoddwyd y dynion i weithio ar ran arbennig o wyneb y graig. Câi'r tîm ei dalu yn ôl nifer y llechi a gâi ei gynhyrchu, felly roedd hi'n bwysig na fyddai'r holltwr yn esgeulus!

Pan fyddai'r llechi'n barod, byddent yn cael eu cario ar gefn ceffyl i lawr y ffyrdd mynyddig peryglus i Fangor a Chaernarfon. Adeiladodd Richard Pennant, Arglwydd Penrhyn bellach, reilffordd yn cysylltu ei chwareli â'i harbwr ei hun ym Mhorth Penrhyn. Y Cymro, William Madocks, oedd yn gyfrifol am ehangu Porthmadog yn harbwr pwysig am allforio llechi. Credai pawb mai llechi gogledd Cymru oedd y gorau ac roedd galw mawr amdanynt ledled y byd. Cynhyrchwyd bron 12,000 o lechi y flwyddyn o chwareli'r Arglwydd Penrhyn a daeth yn ŵr cyfoethog iawn.

A Chwarel Bethesda

B Holltwr wrth ei waith. Byddai cyflog y tîm yn dibynnu arno

Roedd llawer o'r chwarelwyr, am eu bod yn anadlu llwch y chwarel, yn dioddef o **silicosis**. Yn 1850, dim ond 12c y diwrnod a gâi chwarelwyr am eu gwaith caled a'i beryglon! Y 'Caban' oedd canolbwynt eu bywyd cymdeithasol. Rhyw fath o ffreutur ydoedd lle gallai'r dynion gyfarfod â'i gilydd i drafod materion y dydd a threfnu digwyddiadau cymdeithasol.

Doedd y berthynas rhwng y chwarelwyr a'u meistri ddim yn dda. Roedd llawer o anfodlonrwydd ymysg y gweithwyr am eu bod yn ennill cyflog pitw am weithio'n galed. Roedd y ffaith bod llawer o'r perchenogion yn Saeson a hwythau'n Gymry yn elfen arall. Yn 1874, ffurfiwyd Undeb Chwarelwyr Gogledd Cymru. Roedd yr Arglwydd Penrhyn yn erbyn yr Undeb a diswyddodd ei arweinwyr. Rhwng 1896 a 1903 cynhaliwyd streiciau a chaewyd gweithwyr allan. Yn ystod anghydfod y Penrhyn, bu'n rhaid i'r ychydig chwarelwyr a oedd yn ochri gyda'r perchennog gael yr heddlu a milwyr i fynd â nhw i'r gwaith. Yn ffenestri tai'r chwarelwyr a gefnogai'r Undeb roedd y geiriau - 'Nid oes bradwr yn y tŷ hwn'. Bu'r streic yn ergyd arall i'r diwydiant a oedd eisoes yn wynebu problemau. Roedd llechi rhatach yn dod i mewn o wledydd tramor ac roedd teils yn dechrau cael eu defnyddio yn lle llechi i doi tai.

Credaf mai'r ffordd y mae'r chwarelwyr yn gwneud eu te yw achos y clefyd. Anfonant hogyn i'r tŷ a roddwyd gan y perchenogion at gysur y gweithwyr i baratoi'r te gan roi'r te, y siwgr a'r dŵr yn yr un tegell. Bydd y te yn mwydo am amser cyn i'r dynion ei yfed. Yr arferiad hwnnw, yn fy marn i, yw'r drwg.

C Tystiolaeth gan feddyg o Flaenau Ffestiniog mewn ymchwiliad ar achosion silicosis. Dyfyniad o *The North Wales Quarrymen* gan R Merfyn Jones (1981)

... roedd y Caban yn fwy na lle i fwyta, roedd fel rhyw fath o glwb. Dyma'r man i drafod ... pynciau megis addysg, gwleidyddiaeth, crefydd a rhoi gair o gyngor i'r sawl oedd ar fin priodi. Y Caban oedd canolbwynt y bywyd cymdeithasol a threfnai pob un ei eisteddfod ei hun.

Ch Rhan o *Candles to Caplamps* gan J G Isherwood

D *(chwith)* Porthmadog a'r llechi yn bentyrrau ar y cei. Tynnwyd y llun yn 1896

1 (a) Edrychwch ar ffynhonnell C. Mae'n amlwg fod y meddyg yn anghywir ac felly mae'r ffynhonnell yn ddiwerth. Fyddech chi'n cytuno?

(b) Edrychwch ar ffynhonnell D. Sut y byddai'n ddefnyddiol i hanesydd ar y diwydiant llechi yng Nghymru?

2 Bu llechi yn yr ardal am filiynau o flynyddoedd. Pam felly na ddatblygodd y diwydiant tan ddiwedd y 18fed ganrif? Dylech feddwl am fwy nag un rheswm.

3 Pa debygrwydd a pha wahaniaethau oedd yn ymateb y chwarelwyr i'w hamodau o'u cymharu â gweithwyr mewn diwydiannau eraill a astudiwyd gennych?

4 O'r diwydiannau a astudiwyd gennych, pa rai yn eich barn chi effeithiodd fwyaf ar y canlynol:
(a) y bobl oedd yn byw yno;
(b) y tirlun?
Rhowch resymau dros eich ateb.

$I0$ $\mathcal{P}$rotestiadau poblogaidd

$\mathcal{F}$el y gwelsom, aeth gwehyddion Canolbarth Lloegr ati i falurio'r peiriannau oedd yn dwyn eu gwaith. Ond nid y Ludiaid oedd yr unig bobl i ddioddef caledi a throi at drais.

Yn 1815, daeth y rhyfel yn erbyn Napoleon i ben a daeth miloedd o filwyr adref i chwilio am waith. Aethon nhw, a'r gweision fferm a gollodd eu gwaith yn yr ardaloedd gwledig, i'r trefi i chwilio am waith. I'r rheini a gafodd waith, roedd y cyflog yn isel a'r gwaith yn galed. Ceisiodd y gweithwyr ymuno â'i gilydd i orfodi eu meistri i dalu mwy. Yn eu hofn, aeth perchenogion y ffatrïoedd ati i annog y llywodraeth i gyflwyno deddfau i atal y gweithwyr rhag uno. Y rhain oedd y **Deddfau Cyfuno**. Roedd y Deddfau Ŷd hefyd yn achosi caledi. Cafodd y rhain eu cyflwyno fel na fyddai mewnforio grawnfwyd rhad o dramor yn effeithio ar elw ffermwyr. Roedd bara felly yn ddrud iawn ac ni allai teulu a oedd yn crafu byw ar gyflog isel fforddio ei brynu.

Ni wnaeth y llywodraeth ddim i helpu'r bobl - dim ond gadael iddyn nhw ymdopi â'u sefyllfa. Gelwir polisi o'r fath, sef peidio ag ymyrryd, yn *laissez-faire*. Gyda'r Chwyldro Diwydiannol yn dal yn fyw yn y cof, defnyddiai'r llywodraeth ysbïwyr i gadw llygad ar y bobl. Roedden nhw'n poeni am y radicaliaid oedd yn annog y bobl i ymateb yn **filwriaethus**. Cynhyrchodd William Cobbett, gŵr a'i haddysgodd ei hun ac a oedd yn fab i was fferm, bamffled wythnosol poblogaidd, y *Political Register*. Ynddo, tynnodd sylw'r bobl at annhegwch eu bywyd bob dydd. Heb yr hawl i bleidleisio, allen nhw ddim dylanwadu ar y Senedd, felly roedd yn rhaid iddyn nhw ddod o hyd i ffyrdd eraill o dynnu sylw at eu cwynion.

Yn 1816, roedd terfysgoedd yn Spa Fields yn Llundain pan alwodd un o'r siaradwyr, Henry Hunt, am newid y system o lywodraethu. Y flwyddyn ganlynol, ymdeithiodd nifer o nyddwyr o drefi'r melinau i Lundain i gyflwyno deiseb. Am iddynt gario blancedi i'w defnyddio yn y nos, fe'i galwyd yn Ymdaith y Blancedwyr. Fe gawson nhw eu herlid gan y milwyr ac o'r 600 a gychwynnodd, dim ond un gyrhaeddodd y ddinas. Yn dilyn hyn, trefnwyd gwrthdystiad mawr ym Manceinion.

Cyflafan Peterloo

Yn 1819, daeth tua 80,000 o bobl ynghyd i wrthdystio yng Nghaeau San Pedr ym Manceinion. Henry Hunt oedd y siaradwr. Roedd y cyfarfod yn un trefnus ond gan fod ofn ar yr awdurdodau, fe roddon nhw orchymyn i'r milwyr wasgaru'r dyrfa.

Dyma'r milwyr, ar gefn ceffylau, yn codi eu cleddyfau ac yn ymosod ar y dorf. Lladdwyd un ar ddeg o bobl ac anafwyd tua 500. Mewn ymgais i fwrw gwawd ar frwydr enwog Waterloo, rhoddwyd yr enw Cyflafan Peterloo ar y digwyddiad.

A Cartŵn yn 1819 yn dangos dynion, gwragedd a phlant yn cael eu lladd yng Nghyflafan Peterloo

Roedd y cyfarfod yn wych, yna clywais sŵn, gwelais wŷr meirch yn eu hiwnifform glas a gwyn yn trotian tuag atom a'u cleddyfau yn eu llaw ... Yna'n rhuthro ymlaen gan chwifio'u cleddyfau er mwyn torri llwybr drwy'r dwylo oedd wedi'u codi fry a'r pennau diniwed ...

B Dyma ysgrifennodd Samuel Bamford am y brotest yng Nghaeau San Pedr yn *Passages in the Life of a Radical* (1844)

Chwe mis yn ddiweddarach, ceisiodd Arthur Thistlewood a grŵp o eithafwyr lofruddio aelodau o'r llywodraeth tra oeddent yn ciniawa yn Sgwâr Grosvenor. Fe gawson nhw eu harestio yn Stryd Cato. Pan gafodd ei ddedfrydu i farwolaeth, roedd Thistlewood yn ymddangos yn ddi-hid a'r cyfan a wnaeth oedd cymryd pinsiad o **snisin**. Yn ddiweddarach, cafodd ei grogi a'i ddienyddio.

Ymateb y llywodraeth oedd cyflwyno mesurau llym yn erbyn y bobl. Dilewyd am gyfnod y Ddeddf Habeas Corpus, sy'n sicrhau na all neb gael ei ddal am gyfnodau hir heb dreial.

Cyflwynwyd chwe deddf a oedd yn gwahardd cyfarfodydd cyhoeddus ac yn caniatáu i dai preifat gael eu harchwilio. Codwyd treth ar bamffledi ac roedd pobl a gafwyd yn euog o ysgrifennu yn erbyn y llywodraeth yn wynebu'r risg o gael eu **trawsgludo.** Am reswm da, felly, y cafodd y deddfau eu galw y 'Gag Acts'.

Am gyfnod roedd yna heddwch ond pan ailddechreuodd y gwrthryfel, roedd Cymru yn ei chanol hi.

Ynghylch y pamffledi printiedig ... sy'n tueddu i annog pobl i gasáu'r Llywodraeth ac sydd wedi'u cyhoeddi mewn niferoedd mawr am bris bychan ... bydd yn rhaid i bob pamffled sydd ar werth am lai na chwe cheiniog dalu'r un dreth â phapurau newydd.

C Un o'r Chwe Deddf

Dos o 'ma, y Ddwygeiniog Ddiwerth ... Lwyddodd 'mo deng mil o wagenni o lyfrau ... i achosi yr un drafferth â thi.
[Addasiad]

Ch Rhan o gopi o'r *Political Register* gan William Cobbett

D (*chwith*) Cartŵn yn 1819 gan George Cruikshank yn dangos aelodau o'r llywodraeth yn ffoi mewn panig o flaen yr anghenfil sy'n cynrychioli'r Chwyldro yn Ffrainc. Mae'r anghenfil ar ffurf y gilotin ac mae'n gwisgo het chwyldroadwr o Ffrainc.

1 (a) **Edrychwch ar ffynhonnell A. Pa argraff mae'r arlunydd yn ceisio ei chreu?**

   (b) **Ydych chi'n meddwl bod ffynhonnell B yn cytuno neu'n anghytuno â'r ddelwedd sydd yn ffynhonnell A? Rhowch resymau.**

2 **Beth mae ffynhonnell D yn ei ddweud am yr hyn yr oedd y bobl yn ei gredu bryd hynny?**

3 **Edrychwch ar ffynhonnell Ch. Pa bwynt y mae William Cobbett yn ceisio ei wneud?**

4 (a) **Os oedd y llywodraeth yn poeni cymaint am y bobl dlawd yn achosi trafferth, pam na wnaethon nhw fwy i'w helpu?**

   (b) **'Yng ngolwg y gweithwyr a'u cefnogwyr dim ond trwy ddefnyddio trais y gallai pethau wella.' Ydych chi'n meddwl bod y wybodaeth yn y bennod hon yn cytuno â'r farn hon ai peidio?**

Dic Penderyn - arwr y werin?

A Dehongliad arlunydd lleol o dref Merthyr Tudful

Y dewis arall yw trais, ond nid ydym am ddefnyddio trais er bod ein hachos yn un cyfiawn. Mae'n adeg o ddirwasgiad ac mae ein cyflogau'n cael eu cwtogi. Ond a gawsom fwy o gyflog gan y Crawshiaid pan oedd y gwaith yn ffynnu?

B Yn nofel Alexander Cordell, *The Fire People*, mae un o'r cymeriadau yn siarad â'r dyrfa ar Fryn y Waun

Achoswyd y terfysgoedd hyn, sy'n frawychus a hefyd yn ddinistriol, ... gan gyflogau isel honedig. Ar y dechrau, adeg y streic ymysg y gweithwyr, roedd eu cyfarfodydd a'u bygythion yn ddigon o reswm dros boeni y byddent yn troi at drais.

C Roedd adroddiad am y digwyddiadau yng *Nghalendr Newgate*

Roedd gan weithwyr haearn Merthyr Tudful nifer o resymau dros ddeimlo'n anfodlon. Ar ddechrau'r 1830au roedd yna gyffro mawr yn y dref wrth i'r dynion ymgyrchu am roi'r bleidlais i fwy o bobl. Yn ystod gwanwyn 1831, cafodd y diwydiant haearn ei effeithio gan y **dirwasgiad.** Cafwyd bygythiad gan William Crawshay, meistr haearn lleol pwysig, y byddai'n cwtogi cyflogau'i weithwyr.

Wrth i ddicter y gweithwyr ddyfnhau, trefnwyd cyfarfod ar fryn cyfagos y Waun. Yn y cyfarfod cyffrowyd y dyrfa oedd eisoes yn llawn tyndra. Wedyn, aeth y dyrfa yn ei blaen i'r dref ac ysbeilio Cwrt y Deisyfion. Lewis Lewis, a gâi ei alw'n lleol yn Lewsyn yr Heliwr, oedd un o arweinwyr y dyrfa.

Roedd ofn ar y meistri haearn ac anfonwyd am help. Yn fuan wedyn daeth catrawd o filwyr o'r Alban i Aberhonddu. Cyrhaeddodd holl ddigwyddiadau'r cyfnod eu pen llanw ddydd Gwener, 3 Mehefin. Wrth i'r meistri gyfarfod ag arweinwyr y gweithwyr y tu mewn i Dafarn y Castell, safai'r gweithwyr a'r milwyr wyneb yn wyneb y tu allan. Roedd yna wrthdaro a dyma'r milwyr yn dechrau saethu. Lladdwyd ugain o bobl a thrywanwyd milwr yn ei glun.

Roedd pethau fel petaen nhw'n mynd o ddrwg i waeth, felly anfonwyd am ragor o filwyr. Unwaith eto daeth y gweithwyr at ei gilydd ar y Waun ond y tro hwn roedd John Guest, un o'r meistri haearn ac ynad heddwch, yno gyda 400 o filwyr. Darllenodd y **Ddeddf Terfysg** ac yna symudodd y milwyr ymlaen a'u bidogau'n barod. Ildiodd y dorf a gwasgaru. Roedd terfysgoedd Merthyr drosodd i bob pwrpas.

Daliwyd arweinwyr y terfysg a'u dwyn ger bron llys yng Nghaerdydd. Cafodd tri dyn eu dedfrydu i'w trawsgludo am oes a dau i'w dienyddio - Lewis Lewis a Richard Lewis. Cafwyd Richard Lewis, sef Dic Penderyn, yn euog o anafu milwr.

Llwyddwyd i ostwng y ddedfryd ar Lewis Lewis a chafodd ei drawsgludo ond er gwaethaf pob cais am atal y gosb ar Richard Lewis, cafodd ei grogi yng Nghaerdydd ar 13 Awst 1831. Ac yntau'n ddim ond 23 oed, protestiai ei fod yn ddieuog tan y diwedd. Ar ôl ei ddienyddio daeth yn arwr i'r werin bobl ac yn destun llên gwerin.

I ychwanegu at y dryswch, 45 mlynedd yn ddiweddarach, gwnaeth Cymro a ymfudodd i'r Unol Daleithiau gyffes ar ei wely angau mai y fe oedd yn euog o'r trosedd y cafodd Richard Lewis ei grogi amdano! Ni fu Merthyr byth yr un fath ar ôl 1831 ac roedd yna dyndra o hyd yn y dref.

Gwelais y milwr yn dod i fyny'r grisiau, gwelais ef yn ymdrechu i gadw ei afael ar ei fysged ond ei golli a wnaeth ... pan gyrhaeddodd y gris olaf dyma Richard Lewis yn rhuthro ato â bidog ac yn ei anafu yn ei glun.

Ch Yn y treial rhoddwyd y dystiolaeth uchod gan James Abbott, dyn trin gwallt lleol

'Yr wyf yn mynd i ddioddef yn anghyfiawn; Duw ... a ŵyr hynny.'

E Cyhoeddwyd geiriau olaf Dic Penderyn yn *Seren Gomer*, Hydref 1831

Cefais anaf yn fy nghlun dde. Dydw i ddim yn adnabod y dyn achosodd yr anaf. Gwelais y ddau garcharor yma yn y dyrfa ond ni welais yr un o'r ddau yn ymosod ar neb.

D Rhoddodd y milwr, Donald Black, dystiolaeth hefyd

F Dehongliad arlunydd modern o grogi Dic Penderyn (1986)

Glamorganshire Summer Assize, July 9, 1831.

SENTENCES OF THE PRISONERS,

TRIED BEFORE

THE HONOURABLE MR. JUSTICE BOSANQUET.

1 *David Morgan, aged 18, Labourer*—Feloniously and violently assaulting (with intent to ravish and carnally know) Mary Thomas, of Roath.—*Two years imprisonment.*

2 *Francis Jones, 37, Labourer*—3 *William Williams, 39, Cordwainer*—Stealing one drawing knife and other articles, the property of Rees Jones and William Jones, of Merthyr Tidvil. Also stealing one sack, and one brass pan, the property of Daniel Jenkin and Rees Jenkin, of Brecon.—*Six months each.*

4 *Henry Lewis alias Matthews, 23, Boatman*—Breaking into the warehouse of Lewis Williams, of Cardiff, and stealing therefrom a quantity of wine and other articles.—*Transported for life.*

5 *Thomas Rowland, 37, Mason*—Breaking into the dwelling-house of Thomas Harry, of Cardiff, and stealing therein one hat and one bonnet.—*Death recorded.*

6 *William John, 27, Labourer*—Knowingly and wilfully sending a letter to the Honorable W. B. Grey, without any name, threatening to destroy the house of the said W. B. Grey.—*Seven years transportation.*

7 *Catherine Gwin, 30, wife of William Gwin*—Wilful murder of her male child, at Pontcanna.—*To be confined during his Majesty's pleasure.*

8 *Catherine Badger, 40, Spinster*—9 *Thomas Gibbs, 60, Farmer*—Wilful murder of a female child.—*C. Badger one year's imprisonment, and T. Gibbs acquitted.*

10 *William Williams, 32, Pudler*—Burglariously breaking into the dwelling-house of John Greenhouse, of Merthyr, and stealing therein one pair of boots and other articles.—*Death recorded.*

11 *John Phelps, 44, Cordwainer*—With menaces and by force, demanding of and from Jane Williams, one Bible, and divers pictures, of Thomas Williams, of Merthyr, with intent to steal the same.—*Fourteen years transportation.*

12 *Lewis Lewis, 37, Miner*—With divers others, riotously assembling, and destroying in part the dwelling-house, and burning and destroying the fixtures, books, furniture, &c. in the dwelling-house of Joseph Coffin, at Merthyr.—*Death.*

13 *Thomas Kinsey, 25, Labourer*—Riotously assembling at Cœdycymmer, in the county of Brecon, and at Merthyr Tidvil, and robbing E. Kins, Esq. Surgeon of the 93d Regiment of Highlanders, of his sword.—*Acquitted.*

14 *Richard Lewis, 23, Miner*—Riotously assembling, with others, at Merthyr Tidvil, and feloniously attacking and wounding Daniel Black, of the 93d Regiment, with a bayonet, whilst he was on duty.—*Death.*

15 *Thomas Rowland, 22, Pudler*—Riotously assembling with divers others at Merthyr Tidvil, and attacking John Barr, a Private of the 93rd Regiment, and disarming him of his musket.—*Acquitted.*

16 *William Williams, 32, Pudler*—Unlawfully assembling, with divers others, at Merthyr Tidvil, with force and arms, and carrying a red flag before such persons.—*Acquitted.*

17 *Thomas Vaughan, 21, Miner*—Forcing his way with divers others, into the house of Thomas Lewis, of Merthyr Tidvil, and violently assaulting him, and by threats compelling him to part with his property.—*Death recorded.*

18 *Thomas David, 23, Collier*—Riotously assembling, with divers others, and demanding one canister of powder of Benjamin Lewis, of Aberdare, and with having presented a loaded gun a Stephen Harry, of Merthyr.—*Acquitted.*

Dd Rhestr o'r carcharorion a fu ger bron Brawdlys Morgannwg, haf 1831, a'u dedfrydu

---

1 **Edrychwch ar ffynonellau B a C.**
   (a) Beth y mae'r cymeriad yn ffynhonnell B yn ceisio ei ddweud?
   (b) Ydy ffynhonnell C yn cydymdeimlo â'r gweithwyr ym Merthyr Tudful? Pa dystiolaeth sydd gennych?

2 Beth, yn eich barn chi, ddylsai dedfryd y rheithgor fod yn achos Dic Penderyn? Ydy gweddill y dosbarth yn cytuno â'ch barn chi?

3 **Edrychwch ar ffynhonnell Dd.** Beth y mae'r ffynhonnell hon yn ei awgrymu am y canlynol:
   (a) y gwahanol fathau o drosedd;
   (b) troseddwyr;
   (c) nifer y troseddau;
   (ch) agweddau tuag at rai mathau o drosedd?

4 Cafodd Dic Penderyn ei grogi fel troseddwr. Pam ydych chi'n meddwl y tyfodd yn arwr ymhlith y werin ar ôl iddo farw?

12 Merched Beca a'r tollbyrth

Ganol nos, 6 Mehefin 1839, ymosododd terfysgwyr ar dollborth Efail-wen yn Nyfed. Roedd rhai wedi duo eu hwynebau ac eraill wedi gwisgo fel merched. Beth a wnaeth i bobl cefn gwlad gorllewin Cymru ymddwyn fel hyn?

Roedd llawer o'r ffyrdd cefn gwlad yn llawn tyllau a bron yn amhosibl eu defnyddio. Gyda mwy a mwy o goetsys a wagenni ar hyd y ffyrdd, roedd yn rhaid gwneud rhywbeth i'w gwella. Yr ateb oedd sefydlu Ymddiriedolaethau Tyrpeg. Cyflwynwyd Deddfau gan y Senedd a fyddai'n caniatáu i'r ymddiriedolaethau osod clwydi a chodi toll am ddefnyddio'r ffyrdd. Roedd yr ymddiriedolaeth yn cael ei rhedeg fel busnes gyda cheidwad wrth bob clwyd i gasglu'r doll.

Gosodwyd nifer o'r tollbyrth ar ffyrdd a arweiniai at y marchnadoedd neu'r **odynau calch** a gâi eu defnyddio'n aml gan ffermwyr. Weithiau, byddai'n rhaid i ffermwyr hyd yn oed dalu toll i symud anifeiliaid o un fferm i'r llall! Byddai talu toll wrth un glwyd yn caniatáu i deithiwr fynd drwy'r glwyd honno'n unig. Byddai'n rhaid talu eto i fynd drwy'r glwyd nesaf. Roedd yna wahanol gyfraddau o ddâl ar gyfer gwahanol anifeiliaid a cherbydau. Mewn rhai achosion, ni fyddai'n rhaid talu o gwbl.

Er mor amhoblogaidd oedd y tollbyrth, nid dyma'r unig reswm dros anfodlonrwydd y bobl. Roedd cyflogau'n isel ac roedd hi'n ymdrech i gael dau ben llinyn ynghyd. Roedd y rheini a oedd heb ddim yn ofni y byddent yn cael eu hanfon i'r tlotai. Roedd y bobl hefyd yn ddig am fod yn rhaid iddyn nhw dalu treth a gâi ei galw'n dreth y degwm i'r Eglwys. Roedden nhw hefyd yn credu bod y Deddfau Helwriaeth, a gosbai'r sawl a gâi ei ddal yn potsio, yn annheg. Gyda chymaint yn eu herbyn, mae'n hawdd gweld pam yr oedd y werin bobl wedi cyrraedd pen eu tennyn.

Ymddiriedolaeth Hendy-gwyn ar Daf, o dan ofal Sais o'r enw Thomas Bullin, oedd yn berchen ar dollborth Efail-wen. Ceidwad y tollborth oedd brawd Bullin! Ffermwr lleol a arweiniodd y dorf y noson honno sef Thomas Rees neu, a rhoi iddo ei enw mwy cyfarwydd, Twm Carnabwth. Dywedir iddo wisgo dillad dynes dal gref o'r enw Rebeca wrth iddo arwain yr ymosodiad. Mae'n stori dda, ond mae'n fwy tebygol i'w ddilynwyr gymryd eu henw o adnod o'r Beibl.

Bu heddwch am ychydig ond yn 1842 dyma'r helbulon yn ailddechrau. Arweinwyr y terfysgwyr oedd John Jones (Shoni Sgubor Fawr) a David Davies (Dai'r Cantwr).

A hwy a fendithiasant Rebeca, ac a ddywedasant wrthi, Ein chwaer wyt, bydd di fil fyrddiwn, ac etifedded dy had borth ei gaseion.
(Genesis XXIV: 60)

A Tollborth ynghyd â manylion am y tollau i'w talu a'r rhyddhad rhag talu. Mae'r tollborth i'w weld yn Amgueddfa Werin Cymru

B *(chwith)* Dehongliad arlunydd cyfoes o derfysgwyr Beca yn ymosod ar dollborth

Mae'n debyg y byddwch yn treulio gweddill eich bywyd mewn gwlad bell ... Fe fyddwch, i bob pwrpas, ond nid mewn enw, yn gaethweision. Y ddedfryd yw y bydd i chi, John Jones, gael eich trawsgludo dros y môr am weddill eich bywyd naturiol, ac y bydd i chi, David Davies, gael eich trawsgludo am ugain mlynedd.

C Y ddedfryd a roddwyd i Shoni Sgubor Fawr a Dai'r Cantwr

Roedd Shoni Sgubor Fawr, o Benderyn ger Hirwaun, yn gyn-filwr ac yn yfwr trwm. Roedd ganddo'r enw am fod yn hoff o ddefnyddio'i ddyrnau ac ar un adeg ef a reolai ardal galetaf Merthyr Tudful, sef China. Pan symudodd i orllewin Cymru, cafodd ei logi gan y bobl hynny oedd am weld diwedd ar y tollbyrth. Roedd Dai'r Cantwr yn hollol wahanol. Gweithiai yn y pyllau ac roedd yn ganwr baledi poblogaidd. Roedd hefyd yn bregethwr gyda'r Methodistiaid. Yn anffodus, daeth yn ffrind i Shoni. Bu'r ddau nid yn unig yn ymosod ar dollbyrth ond hefyd yn bygwth ac yn dwyn, hyd yn oed oddi ar y rhai a'u llogodd hwy yn y lle cyntaf! Pan ofynnodd yr awdurdodau am help, anfonwyd milwyr i'r ardal. Er i wobrau gael eu cynnig, anaml iawn y byddai'r terfysgwyr yn cael eu dal.

Yn y diwedd, bradychwyd Shoni a Dai. Plediodd y ddau yn euog i nifer o droseddau. Gyda'r ddau wedi'u clymu gan yr un gadwyn, chwerthin wnaethon nhw wrth gael eu harwain o'r llys. Rhoddodd y barnwr ddedfryd drom arnynt (gweler ffynhonnell C).

Mae hanes Shoni yn ddirgelwch o hyd ond cafodd Dai'r Cantwr bardwn. Daeth yn ôl i Gymru lle bu'n byw fel cardotyn nes iddo farw yn 1874. Bu farw mewn tân mewn sgubor lle roedd yn cysgu ar y pryd, yn feddw. Achoswyd y tân gan ei bibell ei hun.

Doedd terfysgoedd Beca ddim yn gwbl ofer. Yn 1843, cytunodd y llywodraeth i edrych ar broblemau'r system dyrpeg a'r tollbyrth.

Yn fy ienctid drygfyd ddaeth
Yn lle rhyddid caethfyd maith,
Alltud wyf ar ddechrau 'nhaith.
Caf 'nanfon o fy ngwlad,
Dros y môr o'm goror gron.
O'r fath ddrycin i mi ddaeth
Alltud hir gyrr hyn fi'n gaeth
Dros ugain o flynyddoedd.

Ch Rhan o 'Cân Hiraethlon' gyfansoddwyd gan Dai'r Cantwr

---

1 Sut y byddai ffermwyr wedi ceisio osgoi talu tollau?

2 Edrychwch ar ffynhonnell B.
  (a) Ar ochr pwy roedd yr arlunydd - y terfysgwyr neu berchenogion y tollbyrth?
  (b) Pa mor ddibynadwy yw'r llun, yn eich barn chi?

3 'Criw o hwliganiaid am greu helynt.' Ydy'r dystiolaeth yn y bennod hon yn cefnogi'r farn hon?

4 Gan ddefnyddio'r bennod hon a rhai blaenorol, gwnewch restr o brif gwynion y dosbarth gweithiol ar yr adeg yma.

13 *L*lwybrau halio, lociau a chychod

Yn yr oes ddiwydiannol newydd, roedd hi'n bwysig darganfod dull rhad o symud nwyddau trwm megis haearn a glo. Roedd y llwythi yn ormod i'r ffyrdd a dim ond rhannau o'r afonydd y gellid eu defnyddio. Yr ateb oedd adeiladu camlesi.

James Brindley a Chamlas Bridgewater

Dyn rhyfedd oedd James Brindley, y dyn a adeiladai gamlesi. Prin y gallai ddarllen nac ysgrifennu ac mae'n debyg, pan fyddai ganddo broblem, y byddai'n mynd i'r gwely am ddyddiau ac yna'n codi â'r ateb ganddo. Gofynnodd Dug Bridgewater i Brindley adeiladu camlas i gysylltu ei byllau glo yn Worsley â Manceinion. Agorwyd Camlas Bridgewater yn 1776. Ar ôl cwtogi ei gostau cludo i'r hanner, llwyddodd y Dug i ostwng pris ei lo a chynyddu ei elw! Yn sgil cwblhau'r gamlas hon, bu cyfnod o brysurdeb wrth i eraill fynd ati i adeiladu camlesi er mwyn cael yr un manteision.

Cyn adeiladu camlas, roedd yn rhaid cael sêl bendith y Senedd yn gyntaf oll. Yna, ar ôl codi'r arian, roedd yn rhaid dod o hyd i ddynion i gloddio. Deuai'r gweithwyr o bob cwr o'r wlad a nifer o Iwerddon. Roedden nhw'n gweithio gyda chaib a rhaw ac roedd disgwyl iddyn nhw symud 10 metr ciwbig o bridd bob dydd. Roedd yn rhaid i ochrau a gwaelod y gamlas ddal dŵr a gwnaed hyn drwy wasgu haenau o laid, sef cymysgedd o glai a thywod, ar ben ei gilydd. Er mwyn datrys problem graddiant, adeiladwyd lociau fel y gallai cychod fynd o un lefel i'r llall. Bu'n rhaid adeiladu nifer o bontydd dŵr a thwneli hefyd.

Ymddangosodd camlesi ym mhob man. Erbyn 1830, roedd 3,000 kilometr o gamlesi ar draws y wlad. Gyda chreu'r Grand Truck Canal roedd modd croesi'r wlad o Fôr y Gogledd i Fôr Iwerddon. Cysylltai'r Grand Junction Canal Lundain â Chanolbarth Lloegr a chysylltai Camlas Kennet ac Avon afonydd Tafwys a Hafren.

Camlas Morgannwg

Cymerodd y gamlas, a ddechreuwyd yn 1790, wyth mlynedd i'w chwblhau ar gost o £103,000. Estynnai 40 kilometr o Ferthyr Tudful i Gaerdydd ac roedd hanner cant o lociau ar ei hyd. Roedd Abercynon, a gâi ei alw ar wahanol adegau yn The Basin a Navigation, yn llawn glanfeydd a storfeydd. Roedd i'r dref bwysigrwydd mawr fel cyfnewidfa haearn y byd.

Yn y dwyrain, roedd camlas arall yn cysylltu Crymlyn a Chasnewydd ac roedd Camlas Brycheiniog a'r Fenni yn gwasanaethu cymoedd Gwent. Yng ngorllewin Cymru âi Camlas Abertawe mor bell ag Ystalyfera. Y camlesi mwyaf yng ngogledd Cymru oedd Camlesi Maldwyn ac Ellesmere.

Ar y gororau, roedd yr hen gychod yn addas i'w defnyddio ond ar

A Y lociau ar Gamlas Morgannwg yn Abercynon

Arferem eistedd ar y bont i wylio'r cychod yn cael eu tynnu gan y ceffylau. Pan godai storm byddai'n rhaid i ofalwr y lociau roi estyll ar draws y gamlas i'w hatal rhag gorlifo - dyma'r adegau mwyaf cyffrous i ni. Roedd un darn wrth ymyl Hawthorn yn gorlifo'n aml.

B Atgofion Mary Powell am y gamlas yn *Memories of the Glamorgan Canal* gan Elis Owen

Mae siâp y peiriant yn debyg i Arch Noa ... Dau geffyl, y naill wedi'i harneisio o flaen y llall, yn ei halio ar gyfradd o un lîg yr awr: cyflymdra dymunol i'w gerdded ar hyd y lan. Mae'r gamlas yn ddigon llydan i ddau gwch fynd heibio ei gilydd. Mae rhwydwaith o gamlesi bellach ar hyd ac ar led Lloegr.

C Robert Southey yn ysgrifennu yn 1807 am y camlesi

hyd y camlesi eraill roedd yn rhaid adeiladu cychod cul. Byddai ceffylau yn eu tynnu ar gyflymdra o 3 neu 4 kilometr yr awr. Dynion fyddai'n eu tynnu drwy'r twneli drwy orwedd ar eu cefnau a gwthio yn erbyn y tô â'u traed. Fel gyda'r ffyrdd tyrpeg, byddai cwmnïau'r camlesi yn codi toll. Byddai gan rai cwmnïau eu cychod eu hunain a byddent hefyd yn gwneud arian drwy godi tâl nwyddau. Roedd rhai cychod mewn dwylo preifat a byddent yn cael eu llogi am dâl.

Cyflogwyd dros 50,000 o ddynion yn adeiladu'r camlesi. Roedd y camlesi yn system bwysig o gludo nwyddau a oedd yn rhad ac yn ddibynadwy. Roedd hefyd yn ffordd dda o symud nwyddau trwm a mawr i'r marchnadoedd a'r porthladdoedd.

Yn anffodus, roedd i'r camlesi nifer o anfanteision hefyd. Dim ond yn araf deg roedden nhw'n gallu symud a byddai'r lociau a'r twneli niferus yn achosi llawer o oedi. Doedden nhw ddim yn addas i gludo nwyddau ar frys neu nwyddau a allai bydru. Doedden nhw ddim yn addas chwaith i gludo teithwyr nac i gludo anifeiliaid, er iddyn nhw gael eu defnyddio i symud da byw. Yn y diwedd, yn wyneb y gystadleuaeth â'r rheilffyrdd, nid oedd unrhyw obaith ganddynt i oroesi.

O! Could I make verses with humour and wit,
George Tennant, Esquire's great genius to fit;
From morn until even, I would sit down and tell,
And sing the praise of the Neath Junction Canal.

Now this will improve the trade of the place,
I hope that the business will daily increase;
All sorts of provisions we shall have to sell,
Convey'd us in boats by Neath Junction Canal.

Ch Dau bennill o faled a ysgrifennwyd am gamlas Cyffordd Castell-nedd gan Elisabeth Davies. Roedd ganddi siop losin yn Abertawe

D *(chwith)* Llun gan T H Shepherd (tua 1825) yn dangos cychod yn cludo nwyddau ar y Regent's Canal

1 (a) Pa fanteision oedd i gamlesi o'u cymharu â'r ffyrdd tyrpeg?
  (b) Pwy fyddai'n gwrthwynebu camlesi, a pham?

2 (a) Gan ddefnyddio ffynonellau A, B a C, nodwch y problemau oedd yn codi o ddefnyddio camlesi, nad oedd yn broblemau ar y ffyrdd tyrpeg.

3 Edrychwch ar ffynhonnell D.
  (a) Ydych chi'n meddwl ei bod yn rhoi golwg ffafriol ar gamlesi? Rhowch resymau dros eich ateb.
  (b) Ydy'r ffaith fod y llun wedi'i beintio yn llawer diweddarach na'r digwyddiadau a ddangosir yn ei wneud yn ddiwerth i'r hanesydd? Rhowch resymau dros eich atebion.

14 Clefydau a thlodi

Daeth y Chwyldro Diwydiannol â nifer o broblemau cymdeithasol difrifol yn ei sgil. Fel y gwelsom ym Mhennod 7, codwyd tai rhad heb boeni rhyw lawer am lanweithdra ac roedd yna berygl bob amser y byddai clefydau yn lledu. Roedd yr henoed, y di-waith neu'r rhai na fedrent eu cynnal eu hunain am wahanol resymau, yn debygol o gael eu hanfon i'r tloty. Doedd dim dŵr glân yn y tai a digon elfennol oedd y safonau glendid. Doedd ganddyn nhw chwaith ddim toiledau oedd yn tynnu dŵr. Yn hytrach, rhedai'r carthion o'r tai bach i garthbwll agored. Byddai'n cael ei wacáu gan ddynion a fyddai, oherwydd y drewdod, yn gweithio yn y nos. Oherwydd hyn roedden nhw'n cael eu galw'n 'ddynion y nos'. Roedd eu ceirt yn gollwng a gadawent ôl annymunol wrth iddyn nhw fynd drwy'r strydoedd.

Mewn rhai ardaloedd diwydiannol, doedd dim system garthffosiaeth o gwbl a'r arfer oedd mynd i'r tomennydd sbwriel gerllaw! Llifai carthion hefyd i mewn i'r afonydd, sef yr afonydd lle byddai'r bobl yn cael eu dŵr yfed a'r dŵr roedden nhw'n ei ddefnyddio i ymolchi a golchi dillad!

Doedd dim system casglu sbwriel, felly byddai sbwriel yn cael ei adael ar hyd y lle. Doedd dim hyd yn oed rheolaeth gaeth ar gladdu'r meirw.

Clefydau ac epidemigau

Does dim syndod i lygod, chwain a llau ffynnu o dan y fath amodau. Roedd budreddi yn y tai, ac roedd y bobl yn fudr ac yn llawn **parasitiaid** o bob math am nad oedd ganddyn nhw sebon na dillad i

A Mae'r braslun hwn o fythynnod gweithwyr yn Preston yn ymddangos mewn adroddiad ar gyflwr tai yn 1844. Roedd y carthbwll rhwng y rhesi tai yn cael ei wagio ddwywaith y flwyddyn

Roedd yna lawer o alïau hir cul ... tebyg i siâp cetyn. Yn yr alïau hyn roedd rhwng 200 a 300 o bobl yn byw a dim ond un tŷ bach rhwng pawb yn y pen pellaf. Roedd ei gyflwr mor ddifrifol ni allai neb fynd ato.

B Rhan o adroddiad a ysgrifennwyd gan yr Arglwydd Shaftesbury yn y 1840au lle roedd yn disgrifio stryd yn ardal East End, Llundain

C *(dde)* Cartŵn yn *Punch* yn 1858 yn dangos cyflwr Afon Tafwys

38

newid iddynt. Roedd y frech wen, teiffoid a theiffus yn torri allan bob hyn a hyn, ond colera oedd yr haint yr oedd pawb yn ei hofni fwyaf. Mae colera yn heintus iawn ac mae'n lledu drwy yfed dŵr budr. O'r rhai a gafodd yr haint, bu dros eu hanner farw. Bu achosion difrifol o golera yn 1832, 1848, 1853 ac 1866.

Haint arall oedd yn lladd oedd y ddarfodedigaeth neu'r dicáu. Byw mewn tai llaith, heb eu hawyru'n ddigonol, oedd yn ei achosi. Fel y gwelwn, roedd rhai dynion yn poeni am les y gweithwyr a'u teuluoedd ac yn ceisio gwneud rhywbeth i'w helpu.

Ch (dde) Teitl y darlun hwn o'r budreddi yng nghanol y ddinas oedd 'Llys y Brenin Colera' (canol y 19eg ganrif)

D Mae'r siart yn rhoi manylion am gyflwr cartrefi rhai o'r cyntaf a ddioddefodd yn ystod yr epidemig ym Merthyr

No.	When taken ill.	When died.	Where died.	Sex.	Age.	Occupation.	Circumstances.	Habits.	Any evidence of contagion or infection.	State of the Dwellings or Neighbourhood.
1	22nd August...	24th August ...	15, David square, Abercannaid	M.	36	Wife of Puddler (Welsh)	Very poor ...	Dirty	No possible contact ...	Damp, dirty, and unventilated.
2	22nd „ ...	25th „ ...	57, Quarry row, Tydfil's Well	F.	45	Wife of Fireman (Irish)	Poor	Dirty	ditto ...	Dirty, unventilated—yard at back most filthy.
3	23rd „ ...	25th „ ...	31, do do ..	M.	32	Fireman .... (Welsh)	Good	Regular	ditto ...	A drain, which carries away house slops from houses above, runs under the house.
4	23rd „ ...	26th „ ...	13, Morris court, Merthyr	F.	75	Rag cleaner (Irish)	Poor	Clean	As a rag cleaner might have picked infected clothes	An untrapped gully at end of court, also heaps of ashes steeped with excrement, &c. House, no ventilation.
5	24th „ ...	25th „ ...	7, Cwm Canol street, Dowlais	M.	21	Hooker in Iron Mills (Irish)	Young Irish Labourer	Regular	No possible contact	Cesspool at back of house above level of lower floor—offensive.
6	24th „ ...	25th „ ...	1, Flag & Castle ct., Dowlais	M.	8	Son of Labourer (English)	Very poor ...	Dirty	ditto ...	Court unpaved, no convenience, earth sodden with house refuse.
7	24th „ ..	1st September	16, Sunny Bank, Tydfil's Well	F.	53	Wife of Tailor ...... (Welsh)	Very poor ...	Intemperate & Dirty	ditto ...	Cesspool in garden overflowing, floor of sleeping room thickly covered with dirt and filth.
8	25th „ ...	27th August ...	1, Miles' court, Cae-draw	F.	50	Wife of Hawker ... (Scotch)	Poor	Clean and regular	Her husband and herself travelled about the neighbouring towns—had been in Aberdare	Cesspool near house overflowing.
9	26th „ ...	30th „ ...	8, Coffin's ct., George Town	F.	80	Wife of Skinner (Welsh)	Poor	Very clean ...	Had attended her son, case No. 3	Unventilated—common cesspool in garden full.
10	27th „ ...	1st September	4, Lewis' square, Abercannaid	F.	32	Wife of Collier ...... (Welsh)	Comfortable .	Clean and regular	Apparently spontaneous	Overcrowded with family and lodgers—9 out of the 12 attacked, 7 died. At back of bedroom heap of ashes foul with excrement.
11	28th „ ...	1st „ ...	9, Sunny Bank	F.	42	Wife of Labourer ... (Irish)	Comfortable .	Clean	May have visited case No. 7	Unceiled cow shed under the house in a most filthy state.
12	3rd September	5th „	13, Mt. Pleasant, Penydarren	F.	21	Wife and of Daughter Collier (Welsh)	Comfortable .	Clean	No known contact ...	Unceiled cow shed under the house in a most filthy state.
13	6th „	8th „		F.	8					

1 **Edrychwch ar ffynhonnell A. Cafodd ei chyhoeddi yn rhan o adroddiad swyddogol. Pa neges y mae'n ceisio ei chyfleu?**

2 **Edrychwch ar ffynonellau C a D.**
   (a) **Naill ai gwnewch gartŵn neu eglurwch beth fyddech chi'n ei roi mewn cartŵn a fyddai'n rhoi neges yr un fath â'r hyn a welwch chi yn ffynhonnell C.**

(b) **Beth mae ffynhonnell D yn ei ddangos am y cyswllt rhwng colera a thlodi?**

(c) **Ydy ffynhonnell D yn awgrymu bod pobl Merthyr Tudful yn gwybod am achosion colera yn 1866?**

3 **Sut y mae'r arlunydd yn ffynhonnell Ch yn ceisio argyhoeddi pobl bod angen gwneud rhywbeth ar frys?**

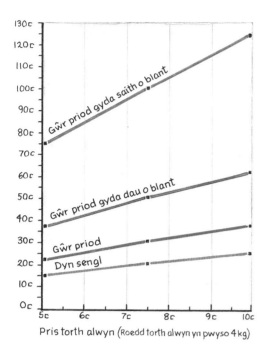

Pris torth alwyn (Roedd torth alwyn yn pwyso 4kg)

Graph axis labels:
130c, 120c, 110c, 100c, 90c, 80c, 70c, 60c, 50c, 40c, 30c, 20c, 10c, 0c

x-axis: 5c, 6c, 7c, 8c, 9c, 10c

Line labels:
Gŵr priod gyda saith o blant
Gŵr priod gyda dau o blant
Gŵr priod
Dyn sengl

A Roedd yr isafswm cyflog yn cael ei gyfrifo yn ôl pris bara

B Dehongliad arlunydd o'r tu mewn i dloty yn y 1840au

Delio â thlodi

Am ryw reswm neu'i gilydd, bu tlodi erioed. Am ganrifoedd, dyletswydd pob plwyf oedd gofalu am y tlodion. Byddai pob tirfeddiannwr yn talu Treth y Tlodion a châi'r arian ei ddefnyddio i helpu'r tlawd. Mewn rhai ardaloedd, codwyd tlotai ar eu cyfer. Byddai'r rheini nad oedd yn gallu cael gwaith yn cael eu hanfon yno a hefyd gwŷr a gwragedd a oedd yn rhy hen neu'n rhy sâl i weithio, yn ogystal â mamau dibriod a phlant amddifad. Roedd yr arian yr oedd yn rhaid ei godi yn dibynnu ar nifer y tlodion yn y plwyf. Hawdd gweld felly pam nad oedd croeso i grwydriaid ac y byddai cŵn yn cael eu gollwng arnyn nhw i'w hanfon oddi yno. Nid pob plwyf aeth ati i godi tloty. Yn 1792, cyflwynwyd deddf a oedd yn caniatáu i blwyfi ymuno â'i gilydd i rannu'r gost o redeg tloty.

Y System Speenhamland

Yn dilyn cau'r tir a diwedd y rhyfel yn erbyn Ffrainc, roedd mwy o bobl yn ddi-waith. Yn ychwanegol at hyn, roedd nifer mawr o weision fferm yn byw ar gyflogau isel iawn. Wrth i bris bara godi, roedd pethau'n mynd yn waeth. Er mwyn ceisio gwneud rhywbeth ynglŷn â'r sefyllfa, cyflwynodd grŵp o ynadon o bentref Speen yn Berkshire gynllun lle byddai gweithwyr yn derbyn isafswm o gyflog. Dibynnai hyn ar faint teulu'r gweithiwr a byddai'n mynd i fyny ac i lawr yn unol â phris bara. Mae'r siart yn dangos sut yr oedd yr isafswm yn cael ei gyfrifo.

Byddai'r gwahaniaeth rhwng y cyflog a gâi'r gweithiwr a'r isafswm yr oedd ganddo hawl i'w dderbyn yn cael ei dalu o Dreth y Tlodion. Lledodd y syniad i rannau eraill o'r wlad. Yn anffodus, aeth rhai i gymryd mantais ar y cynllun ac aeth yn rhy gostus i'w redeg.

Nod y llywodraeth oedd dod o hyd i ateb a fyddai'n datrys problem y tlodion unwaith ac am byth. Yn 1834, cyflwynwyd deddf, Deddf Diwygio Deddf y Tlodion, a newidiodd y system. Gallai plwyfi bellach ymuno â'i gilydd i ffurfio 'Undebau' i adeiladu tlotai.

Gwarcheidwaid Deddf y Tlodion oedd i fod yn gyfrifol am y tlotai, a'r dreth oedd i dalu amdanynt. Er bod yr hen a'r methedig yn dal i gael help ac yn cael byw yn eu tai eu hunain, ni allai pobl iach o gorff gael cymorth oni bai eu bod yn mynd i'r tloty! Y syniad oedd gwneud y tlotai mor annioddefol â phosibl fel y byddai'n well gan bobl weithio, a'u cynnal eu hunain, hyd yn oed petai hynny'n golygu byw ar gyflog bach iawn.

Caled iawn oedd bywyd y tloty. Câi'r dynion a'r gwragedd eu gwahanu a chymerwyd y plant oddi ar eu rhieni. Yn ogystal â'r tlodion, cymerai'r tloty hefyd gardotwyr, plant amddifad a gwallgofiaid. Roedd yn oer ac yn ddigysur yno. Ar wellt y byddai pawb yn cysgu. Roedd y bwyd yn brin ac yn ddiflas a byddai'n rhaid iddynt fwyta mewn tawelwch. Doedd ganddyn nhw ddim dillad isaf ac roedd eu dillad wedi'u gwneud o frethyn garw iawn. Dim ond y gofal meddygol sylfaenol a roddwyd iddyn nhw. Dechreuai'r dydd am 6 y bore ac roedd y gwaith i'w wneud yn ddiflas ac yn undonog - fel arfer torri cerrig, tynnu ocwm (datod rhaff) neu falu esgyrn. Roedd goruchwylwyr y tlotai yn feistri sarrug a llym iawn a fyddai'n bwlian ac yn cam-drin y trigolion. Does dim syndod i'r tlotai gael eu galw'n '**Bastilles** Deddf y Tlodion'.

Roedd gwrthwynebiad i'r tlotai o'r dechrau. Credai William Cobbett y gallai'r tlotai achosi chwyldro, tra defnyddiodd Charles Dickens ei nofel, *Oliver Twist*, i dynnu sylw at erchyllterau'r system.

Cafodd gwir erchyllterau'r tlotai eu datgelu o'r diwedd pan ddaeth manylion am yr hyn a ddigwyddai yn Andover i'r golwg. Y meistr yno oedd Colin McDougal, cyn uwch-ringyll a oedd wedi bod yn ymladd ym Mrwydr Waterloo. Roedd yn feddwyn a fyddai'n trin y trigolion yn warthus. Câi'r dynion a'r gwragedd esgyrn i'w malu i wneud glud. Roedd rhai mor newynog nes eu bod yn rhwygo'r cig pydredig oddi ar yr esgyrn i'w fwyta. Roedd yna honiad fod rhai o'r esgyrn yn dod o'r fynwent leol!

Yn ffodus, fe adroddodd un o warcheidwaid y tloty yr hyn a glywodd wrth ei Aelod Seneddol. Mewn ymchwiliad, profwyd bod yr holl sïon am y lle yn wir. Yn dilyn protestiadau cyhoeddus, daeth yr hen system i ben. Sefydlwyd Bwrdd Deddf y Tlodion ac etholwyd aelod o'r llywodraeth i gadw golwg ar bethau. Er i'r tlotai barhau yn fannau digysur, dechreuodd yr amodau oddi mewn iddynt wella yn raddol.

Dylai trigolion y tloty ddioddef caledi; dylid rhoi iddynt fwyd garw a dylent deimlo cywilydd a gwyleidd-dra; dylai gael ei redeg yn llym - yn ddidostur; dylai fod mor atgas ag y gall dyn ei ganiatáu ...

C Dyma farn un offeiriad

Ch Tloty Andover

1 Edrychwch ar ffynonellau A a C.
(a) Gan ddefnyddio ffynhonnell A ac unrhyw wybodaeth arall yn y bennod hon, sut y gallai pobl gamddefnyddio System Speenhamland?
(b) Pam ei bod yn syndod fod yr hyn sydd yn ffynhonnell C wedi'i ddweud gan offeiriad?

2 Edrychwch ar ffynonellau C a Ch ac unrhyw wybodaeth arall sydd yn y bennod hon.
(a) Disgrifiwch yr amodau dychrynllyd yn y tlotai.
(b) Sut, yn eich barn chi, y dylai pobl yr oes fod wedi mynd ati i wella'r amodau yn y tlotai?

3 Ydy hi'n wir fod amodau byw i bawb sy'n byw yng Nghymru heddiw yn llawer gwell nag oedden nhw ar yr adeg yma?

Diwygwyr oes Fictoria

A r ôl darllen y penodau diwethaf, mae'n siŵr y byddwch yn meddwl nad oedd neb yn poeni am y gwŷr a'r gwragedd a'r plant a weithiai yn y ffatrïoedd a'r pyllau. Doedd hyn ddim yn wir.

Ashley Cooper, Arglwydd Shaftesbury

Un o'r bobl hynny a oedd yn erbyn cyflogi plant i weithio yn y ffatrïoedd a'r pyllau oedd Anthony Ashley Cooper. Er bod ei deulu'n gyfoethog iawn, plentyndod digon anhapus a gafodd a gwnaeth hyn ef yn ymwybodol o ddioddefaint pobl eraill. Roedd yn ŵr crefyddol iawn ac roedd yn gas ganddo unrhyw esgeulustod neu greulondeb at blant. Gweithiodd Shaftesbury trwy'i oes i wella amodau gwaith yn y ffatrïoedd a'r pyllau glo. Gweithiodd hefyd i roi addysg i blant y dosbarth gweithiol, i atal defnyddio plant i lanhau simneiau ac i helpu troseddwyr ifanc.

Roedd deddfau eisoes wedi'u cyflwyno i gyfyngu ar oriau gwaith plant. Heb arolygwyr i gadw golwg ar bethau, fodd bynnag, byddai perchenogion y melinau yn dweud celwydd am oed eu gweithwyr ifanc neu'n anwybyddu'r gyfraith newydd. Yn 1833, er gwaetha gwrthwynebiad ffyrnig, llwyddodd yr Arglwydd Ashley i gael deddf i wahardd cyflogi plant o dan naw oed yn y melinau. At hyn, doedd plant o dan dair ar ddeg ddim i weithio mwy na phedwar deg wyth awr yr wythnos. Penodwyd arolygwyr hefyd i wneud yn siŵr bod y ffatrïoedd yn cadw at y ddeddf. Ar ôl 1836, pan fu'n rhaid cofrestru pob genedigaeth a marwolaeth, aeth hi'n anodd i berchenogion y ffatrïoedd dwyllo. Ar ôl hyn, llwyddodd Ashley i sefydlu **Comisiwn Brenhinol** i edrych ar amodau gwaith gwragedd a phlant yn y pyllau glo. Syfrdanwyd pawb gan yr adroddiad. O ganlyniad, yn 1842, cyflwynwyd Deddf y Pyllau Glo i'w gwneud yn anghyfreithlon i gyflogi gwragedd a phlant o dan ddaear. Bum mlynedd yn ddiweddarach, daeth y Ddeddf Deng Awr i gyfyngu ar nifer yr oriau y gallai gwragedd a phlant weithio yn y melinau.

Ar ôl iddo farw yn 1885, codwyd cofeb i'r Arglwydd Shaftesbury yng nghanol Piccadilly Circus, Llundain - cerflun Eros.

Syniadau Robert Owen

Roedd Robert Owen yn ddyn a oedd yn poeni am ei weithwyr a dangosodd sut y dylai ffatrïoedd gael eu rhedeg. Cafodd ei eni yn y Drenewydd, Powys, yn 1771 ac aeth i Lundain i fod yn gynorthwywr dilledydd. Roedd yn ddyn egnïol, llawn uchelgais a symudodd i Fanceinion a dechrau busnes gwneud peiriannau nyddu. Priododd â merch perchennog melinau cyfoethog o'r Alban a daeth yn rheolwr ar felinau ei dad yng nghyfraith yn New Lanark. Credai Owen fod pobl yn cael eu dylanwadu'n fawr gan eu hamgylchiadau byw a gweithio. Yn ei felinau, gwrthodai gyflogi plant o dan ddeg oed na

DEDDF Y FFATRÏOEDD 1833

Gwahardd plant dan 9 rhag gweithio yn y melinau cotwm

Gwahardd unrhyw un dan 18 rhag gweithio'r nos

Penodi pedwar arolygwr ffatrïoedd

DEDDF Y PYLLAU GLO 1842

Gwahardd menywod a phlant dan 10 rhag gweithio dan ddaear

Penodi arolygwyr

DEDDF Y DENG AWR 1847

Uchafswm o ddeng awr y dydd i fenywod a'r rhai dan 18

Uchafswm o 58 awr yr wythnos

····· A HEFYD

Cymorth i'r sâl eu meddwl a phlant oedd yn glanhau simneiau

A Y diwygiadau y llwyddodd yr Arglwydd Shaftesbury i'w cyflwyno

Ni châi'r un gŵr arall ei arwain gan ei gydwybod fel efe ... Byddai pawb yn ei edmygu ac yn goddef ei feiddgarwch am fod ganddo ddelfrydau na fyddai ond ychydig ohonynt hwy wedi meiddio glynu wrthynt i'r un graddau.

B Rhan o gofiant *Shaftesbury* gan C F A Best (1964)

phrentisiaid o'r tloty, a gostyngodd oriau gwaith ei weithwyr. Gwnaeth yn siŵr fod gan ei weithwyr gartrefi boddhaol ac roedd yn erbyn y system dryc. Sefydlodd siop a werthai nwyddau o'r safon orau am y pris prynu (*cost price*). Roedd perchenogion ffatrïoedd eraill yn synnu oherwydd, er iddo wario llawer ar welliannau, fe lwyddodd hefyd i wneud elw da.

Roedd Robert Owen yn ddyn o egwyddor oedd am weld cymdeithas decach wedi'i seilio ar gydweithrediad ac nid elw. Credai fod addysg yn bwysig iawn a sefydlodd ysgol i'r plant lleol.

Aeth Owen ati hefyd i annog ei weithwyr a'u teuluoedd i ymuno â dosbarthiadau addysg a mwynhau gweithgareddau hamdden. Cyflwynodd gynllun i ddileu diweithdra drwy adeiladu 'Pentrefi Cydweithredol', ond cafodd ei gyhuddo o roi'r di-waith mewn baracs. Awgrymodd hefyd y dylai pris nwyddau adlewyrchu faint o oriau a gymerwyd i'w cynhyrchu.

Yn wahanol i'r Arglwydd Shaftesbury, doedd Robert Owen ddim yn ddyn crefyddol ond yn anghrediniwr. Teithiodd lawer a cheisiodd sefydlu **comiwnau** yn seiliedig ar ei syniadau sosialaidd yn Lloegr ac yn yr Unol Daleithiau. Chwaraeodd Robert Owen hefyd ran bwysig yn natblygiad undebau llafur. Yn 1858, bu farw pan oedd ar ymweliad â'i dref enedigol, y Drenewydd. Caiff Owen ei ystyried yn 'Dad Sosialaeth Brydeinig'.

> 1 Dylai dysgu fod yn naturiol a dylai plant ei fwynhau
>
> 2 Roedd mwy i addysg na dysgu o lyfr
>
> 3 Ni ddylai plant orfod eistedd mewn rhesi trefnus yn y dosbarth; dylent gael rhyddid i gerdded o gwmpas
>
> 4 Ni ddylid cosbi plant na gwneud iddynt ddioddef geiriau cas a diraddiol

C Syniadau Robert Owen ynglŷn ag addysg

Ch Mae'r cartwnau yn dangos yr hyn a gredai Owen sef bod pobl yn cael eu dylanwadu gan eu hamgylchedd

---

1 Pam yr oedd yr Arglwydd Shaftesbury yn debyg o fod yn amhoblogaidd ymhlith rhai pobl? Pwy yr oedd fwyaf tebygol o'u digio?

2 (a) Beth y mae'r ffaith fod credoau Owen wedi synnu pobl yr oes yn ei awgrymu am agweddau pobl ar yr adeg honno?

(b) Edrychwch ar ffynhonnell C. Faint o syniadau Owen ynglŷn ag addysg sy'n dal i fod yn synhwyrol heddiw?

(c) Nodwch pa syniadau gan Owen sy'n synhwyrol a pha rai sydd ddim mor synhwyrol. Cymharwch eich ymateb chi â gweddill y dosbarth. Allwch chi egluro unrhyw wahaniaethau?

3 Pwy fyddai wedi eich argyhoeddi chi fwyaf - Shaftesbury neu Owen? Rhowch resymau dros eich ateb.

16 Caethwasiaeth

Am 300 mlynedd, bu gan Ewropeaid ran mewn masnach annymunol iawn: anfon miliynau o ddynion du Affrica ar draws yr Iwerydd i'w gwerthu fel caethweision. Roedd masnachwyr o Brydain hefyd yn rhan o'r busnes mileinig hwn.

Y 'fasnach driphlyg'

Roedd caethwasiaeth yn rhan o fasnach driphlyg, ac roedd tri cham i'r fordaith. Yn rhan o'r cam cyntaf, byddai llongau yn mynd â nwyddau a gynhyrchwyd yn Ewrop i arfordir Affrica lle byddent yn cael eu cyfnewid am gaethweision. Ar yr ail gam, neu'r 'fordaith ganol', byddai'r caethweision yn cael eu hwylio ar draws yr Iwerydd i India'r Gorllewin lle bydden nhw'n cael eu gwerthu. Yn olaf, byddai'r llongau yn dod yn ôl i Ewrop â chotwm, tybaco, siwgr a rym ar eu byrddau. Ar ôl i'r caethweision fynd ar y llongau, fe fydden nhw'n cael eu serio, eu clymu â chadwynau a'u gwthio yn erbyn ei gilydd fel eu bod yn llenwi pob modfedd. O dan y fath amodau, byddai clefydau megis y **sgyrfi** a'r frech wen yn lledu.

Wedi iddyn nhw gyrraedd America, byddai'r caethweision - yn ddynion, yn fenywod a phlant - yn cael eu gwerthu mewn arwerthiant. Byddai'r prynwyr yn eu harchwilio, rhai yn barod i dalu hyd at £60 am y cryfaf a'r iachaf. Byddai'r rhai gwannaf yn cael eu gwerthu'n rhad a gadawyd rhai, a gâi eu hystyried yn ddiwerth oherwydd eu hoed neu eu cyflwr, ar y lanfa i farw.

Doedd gan y caethweision ddim hawliau ac roedden nhw'n eiddo i'w meistri. Credai perchenogion y planhigfeydd cotwm a siwgr mai gwell oedd eu gweithio'n galed cyn iddyn nhw fethu gweithio. Chaen nhw ddim elw o hen gaethweision neu rai a wnaed yn fethedig gan lafur caled. Credai rhai fod bywyd yn dda i'r caethweision ar y planhigfeydd gan eu bod yn cael y cyfle i elwa o fanteision Cristionogaeth a gwareiddiad.

Roedd llawer o elw i'w wneud o brynu a gwerthu caethweision. Bryste oedd canolfan gynta'r fasnach ym Mhrydain, ond yn fuan wedyn datblygodd Lerpwl yn brif ganolfan. Roedd masnachwyr y ddinas honno ymhlith gwŷr cyfoethocaf y wlad a defnyddiwyd eu harian i fuddsoddi mewn camlesi a ffatrïoedd.

A Mae'r garreg fedd hon i'w gweld ar fedd caethwas ym mynwent Bryste o hyd

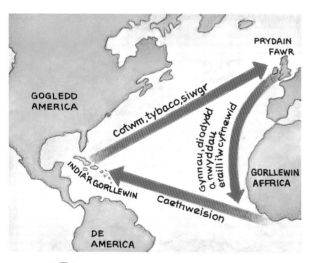

B Y mordeithiau a oedd yn rhan o'r 'fasnach driphlyg'

C (dde) Llun a gymerwyd o lyfr a fwriadwyd i dynnu sylw'r cyhoedd at yr amodau gwarthus ar longau caethweision Prydain

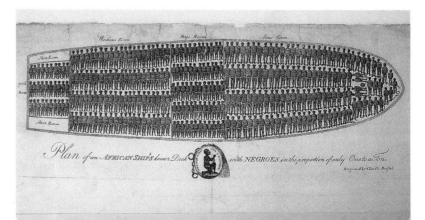

William Wilberforce a diddymu caethwasiaeth

Ymunodd William Wilberforce, Aelod Seneddol a gŵr crefyddol iawn, ag eraill i wrthwynebu caethwasiaeth. Er ei fod yn fychan o gorff, roedd yn siaradwr gwych a chyfeiriodd at gaethwasiaeth fel 'traffig atgas mewn cnawd dynol'. Treuliodd ei oes yn ymgyrchu i'w dileu. Er iddo ennill llawer o gefnogaeth ymhlith y cyhoedd, roedd perchenogion y planhigfeydd a'r masnachwyr yn ei erbyn gan y bydden nhw'n colli arian pe bai'r caethweision yn cael eu rhyddhau. Er hynny, yn 1807, cyflwynwyd deddf gan y Senedd yn ei gwneud hi'n drosedd i Brydeinwyr gymryd rhan yn y fasnach gaethweision, ond bu'n rhaid aros tan 1833 hyd nes y cafodd ei **diddymu** drwy'r Ymerodraeth Brydeinig i gyd. Cafodd Wilberforce fyw i glywed bod ei ymgyrch wedi llwyddo.

Ch Poster yn hysbysebu arwerthiant caethweision

... cawsom i gyd ein hel at ein gilydd, fel defaid ... Ar guriad y drwm, rhuthrodd y prynwyr i mewn i ddewis y gorau ... Fel hyn y cafodd ffrindiau a pherthnasau eu gwahanu ... heb obaith gweld ei gilydd byth eto.

D Olaudah Equiano, caethwas a gafodd ei ryddhau, yn cofio'r adeg y cafodd ei werthu. Dyfyniad o *The British Empire*, BBC (1972)

... byddent yn cael eu chwipio'n ddidrugaredd hyd nes yr oeddynt yn gwbl ddiymadferth ... clywais hwy yn griddfan wrth gael eu harteithio â'r bawd-dröell.

Dd Dyma a ysgrifennodd John Newton, cyn-fasnachwr caethweision a aeth yn offeiriad. Dyfyniad o *The British Empire*, BBC (1972)

1 Gan ddefnyddio'r wybodaeth sydd yn y bennod hon, eglurwch pwy, yn eich barn chi, a wnaeth yr arian mwyaf o'r fasnach gaethweision.

2 Edrychwch ar ffynhonnell C.
   (a) Ydych chi'n meddwl bod y llun wedi ei dynnu gan rywun oedd yn gwrthwynebu neu'n cefnogi'r fasnach gaethwasiaeth?
   (b) Pa fath o gaethweision fyddai eu hangen ar eu perchenogion? Eglurwch eich ateb.

3 Beth oedd yn debyg a beth oedd yn wahanol rhwng bywydau'r dosbarth gweithiol ym Mhrydain ar yr adeg honno a bywydau'r caethweision?

4 Pa fath o bobl fyddai Wilberforce wedi cael trafferth i'w hargyhoeddi bod caethwasiaeth yn ddrwg?

17 O'r tramffyrdd i'r rheilffyrdd

Yn ei lyfr, *Rural Rides*, ysgrifennodd William Cobbett iddo ddod ar draws dynes 32 oed nad oedd erioed wedi bod ymhellach na phedwar kilometr o'i chartref. Doedd hyn ddim yn beth anghyffredin iawn - ond yna fe ddaeth y rheilffyrdd!

Y tramffyrdd a ddaeth yn gyntaf, gyda'r ceffylau'n tynnu'r wagenni ar hyd y rheiliau pren. Un o'r tramffyrdd cynharaf a ddaeth i Gymru oedd honno a gysylltai Gamlas Abertawe ac Oystermouth. Dyma'r llwybr a ddilynodd rheilffordd y Mwmbwls yn ddiweddarach. Adeiladwyd y trên stêm cyntaf yng Nghymru gan ddyn o Gernyw, Richard Trevithick.

Teithiai'r trên, ar gyflymdra o wyth kilometr yr awr, o Benydarren i Abercynon. Yna, adeiladwyd trenau enwog eraill gan gynnwys *Catch Me Who Can* gan Trevithick, *Puffing Billy* gan William Hedley a *Rocket* gan George Stephenson. Yn dilyn llwyddiant agor y rheilffordd o Lerpwl i Fanceinion yn 1830, gwelwyd cyfnod o brysurdeb mawr wrth i ragor o reilffyrdd gael eu hadeiladu.

Cafodd y gwaith o adeiladu'r rheilffyrdd, pontydd ac argloddiau a ffrwydro twneli, ei wneud gan dimau o ddynion hynod iawn - y **nafis** (o'r gair Saesneg *navigators - navvies*). Roedden nhw'n ddynion caled iawn; gwisgent drwysus molsgin (croen gwadd), gwasgod liwgar a sgidiau hoelion a byddai gan bob un lysenw fel 'Gypsy Joe', 'Thick-lipped Blondin' a 'Fighting Jack'.

Yn 1830, 157 kilometr o reilffyrdd oedd drwy Brydain. Erbyn 1880, roedd rhwydwaith o dros 25,000 kilometr ar gael.

Daeth tyrfa ynghyd ym Mhenydarren … Ar y trên roedd Richard Trevithick … Rhoddwyd y signal. Ar hynny dyma jet o stêm yn tasgu allan a'r olwynion yn troi … ac fe symudodd yr anghenfil.

 A Yn ei lyfr ar hanes Merthyr, disgrifia Charles Wilkins yr hyn ddigwyddodd ar 12 Chwefror 1804

B Darlun gan Terence Cuneo yn dangos taith gyntaf trên Trevithick

Ch Nafis ifanc yn y 1840au

I've navvied here in Scotland, I've navvied in the south,
Without a drink to cheer me or a crust to cross my mouth,
I fed when I was workin' and starved when out on tramp,
And the stone has been me pillow and the moon above me lamp,
I've done it like a navvy, a bold navvy man,
And I've done me graft and stuck it like a bold navvy man.

C Rhan o gân gyfansoddwyd gan nafi - 'Two-shift Mulholland'

Rheilffyrdd Cymru

Cynigiai'r cwmnïau rheilffyrdd docynnau dosbarth cyntaf, ail a thrydydd dosbarth. Byddai'r teithwyr dosbarth cyntaf yn teithio mewn steil, ond roedd yn rhaid i'r trydydd dosbarth sefyll ar eu traed mewn cerbydau agored a dal yn dynn mewn rheilen! Mewn twneli tywyll rhoddai'r merched binnau yn eu cegau i atal rhai dynion mwy cariadus na'i gilydd rhag eu cusanu! Roedd llawer o gystadleuaeth rhwng y cwmnïau. Byddai pob cwmni yn peintio eu cerbydau mewn rhyw liw arbennig a gwisgai'r gweithwyr yn smart mewn iwifform.

Yn 1841, penodwyd y peiriannydd enwog, Isambard Kingdom Brunel, i adeiladu Rheilffordd Dyffryn Taf o Ferthyr i Gaerdydd. Yn ddiweddarach, pan oedd yn gweithio i'r Great Western Railway, ef hefyd oedd yn gyfrifol am y rheilffordd a gysylltai Llundain â de Cymru ac a oedd yn mynd drwy Gasnewydd, Caerdydd ac Abertawe ar ei ffordd i Aberdaugleddau.

Davies a Stephenson

Cyn troi at y pyllau glo, ffurfiodd David Davies Gwmni Rheilffordd y Cambria i ddod â threnau i ganolbarth Cymru. Yn ddiweddarach, fe gysylltodd y Cymoedd â'r dociau newydd a oedd yn eu hadeiladu yn y Barri. Yng ngogledd Cymru, adeiladodd George Stephenson Bont Britannia dros y Fenai.

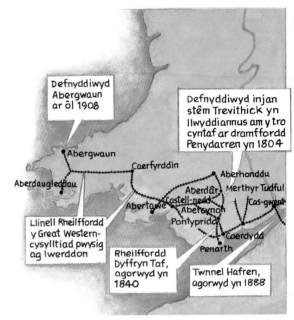

Defnyddiwyd Abergwaun ar ôl 1908

Defnyddiwyd injan stêm Trevithick yn llwyddiannus am y tro cyntaf ar dramffordd Penydarren yn 1804

Llinell Rheilffordd y Great Western - cysylltiad pwysig ag Iwerddon

Rheilffordd Dyffryn Taf, agorwyd yn 1840

Twnnel Hafren, agorwyd yn 1888

D   Rheilffyrdd de Cymru

Dd   *(isod)* Dangosir yma y newidiadau a ddigwyddodd yn sgil dyfodiad y rheilffyrdd

Gellid symud nwyddau'n gyflymach o le i le

Nwyddau allai bydru (pysgod, llaeth) ar gael yn y trefi

Roedd teithio rhad ar y rheilffyrdd yn golygu bod pobl yn gallu mynd yn rhwydd o le i le

Daeth gwyliau ar lan y môr yn boblogaidd - Blackpool, Margate, Ynys y Barri, etc

Roedd yn haws lledaenu newyddion - papurau newydd

Gwasanaethau post - trenau post

---

1 **Disgrifiwch sut y byddai rhywun a oedd ym Mhenydarren yn gweld trên stêm am y tro cyntaf erioed yn ei deimlo.**

2 **Edrychwch ar ffynonellau C a Ch.**
(a) **Beth allwch chi ei ddysgu o ffynhonnell C am safbwynt y nafis?**
(b) **Ydy ffynhonnell Ch yn rhoi golwg ffafriol ar y nafis? Rhowch resymau dros eich ateb.**

3 **Pam yr oedd rhai pobl yn gwrthwynebu'r rheilffyrdd yn eu hardal er eu bod yn ddefnyddiol fel ffordd o gludo pobl a nwyddau?**

4 **Daeth llawer o newidiadau i Gymru yn sgil y rheilffyrdd.**
(a) **Rhestrwch y rhai a fyddai wedi bod yn amlwg ar unwaith.**
(b) **Rhestrwch y newidiadau a welwyd dros gyfnod hirach.**

18 Addysg i'r ychydig rai

Ar ddechrau'r bedwaredd ganrif ar bymtheg doedd yna ddim system addysg genedlaethol. Y farn yn gyffredinol oedd nad oedd angen rhoi addysg i blant y dosbarth gweithiol.

Gallai gwybodaeth fod yn beryglus. Pe bai plant y dosbarth gweithiol yn aros yn anwybodus, fe fydden nhw'n tyfu i fyny i dderbyn eu lle yn y gymdeithas ac i barchu'r bobl oedd yn uwch na nhw. Pe baen nhw'n cael addysg, fe allen nhw geisio codi'n uwch na'u safle. Rhybuddiai adroddiad yn 1816 y gallai addysgu'r dosbarthiadau is 'wneud llawer o niwed iddynt, byddent yn medru darllen ... a byddai hynny'n tueddu i gyffroi eu nwydau'! Dywedodd y Frenhines Fictoria fod addysg 'yn peri i'r dosbarth gweithiol fod yn anaddas i fod yn weision a gweithwyr da'.

A *(isod)* Ysgol hen ferch. Er bod yr hen wreigan yn cysgu, mae'n dal ei gafael ar y wialen fedw!

Doedd rhai athrawon yn dysgu dim ond darllen a sillafu. Roedd daearyddiaeth a hanes yn brin iawn mewn ysgolion. Doedd nifer mawr o bobl ddim erioed wedi bod drwy ddrws ysgol. Roedd y gallu i ysgrifennu yn cael ei ystyried yn foethusrwydd i'r cyfoethog yn unig. Roedd y sawl allai ddarllen yn dda yn uchel ei barch ac yn cael ei alw'n sgolor

B Atgofion am ddyddiau ysgol yn y 1820au o *Progress in Pudsey* gan Joseph Lawson

Gwahanol fathau o ysgolion

Byddai rhai plant ifanc yn mynd i ysgolion hen ferch. Hen ferched oedd fel arfer yn eu cynnal yn eu cartrefi eu hunain ac i bob pwrpas, doedden nhw'n ddim mwy na gwasanaeth gwarchod plant.

Mewn rhai ardaloedd, sefydlwyd ysgolion gan berchenogion ffatrïoedd lleol. Cododd yr Arglwydd Shaftesbury arian i gynnal Ysgolion y Tlodion i blant tlawd iawn. Yn ogystal ag addysg, byddai'r plant hefyd yn cael bwyd a dillad. Yr unig addysg a gâi llawer o blant oedd yn yr ysgol Sul. Roedd yna rai ysgolion elusennol hefyd oedd yn cael eu cynnal gan grwpiau crefyddol, sef ysgolion Cenedlaethol i blant yr eglwys a'r ysgolion Prydeinig i blant capeli. Er hyn, yn 1850, doedd hanner poblogaeth Cymru a Lloegr ddim yn gallu ysgrifennu na darllen. Roedd y pynciau a gâi eu dysgu a safon y dysgu yn amrywio'n fawr yn yr ysgolion.

Roedd y rhan fwyaf o'r ysgolion yn cynnig addysg elfennol mewn darllen, ysgrifennu a rhifyddeg (yn Saesneg 'The Three Rs' - *Reading, wRiting and aRithmetic*). Y system fonitoraidd a gâi ei defnyddio i ddysgu plant. Yn gyntaf, byddai'r athro yn dysgu'r plant hŷn, mwyaf galluog. Yna, fel monitoriaid, bydden nhw'n dysgu'r plant iau. Trwy ailadrodd ffeithiau y byddai'r gwaith yn cael ei gofio. Hyd nes y bydden nhw'n gallu defnyddio pin ysgrifennu ac inc, fe fydden nhw'n cael llechen a sialc.

Roedd mwy o ddewis o ysgolion i blant o deuluoedd cyfoethog. Roedd Groeg a Lladin yn cael eu cynnig gan ysgolion gramadeg a sefydlwyd flynyddoedd yn ôl gan frenhinoedd, uchelwyr a masnachwyr. Anfonwyd meibion y teuluoedd mwyaf cyfoethog i ysgolion bonedd. Yn ôl pob sôn, roedd bwlian a chamymddwyn yn rhemp ymhlith y disgyblion. Diolch i ddynion tebyg i Thomas Arnold, prifathro Ysgol Rygbi, gwelwyd gwelliannau wrth iddyn nhw roi mwy o sylw i ddysgu a magu cymeriad. Ar wahân i'r ysgolion gramadeg a'r ysgolion bonedd, roedd nifer o ysgolion preswyl preifat oedd yn ddifrifol wael eu safon. Yn ei lyfr *Nicholas Nickleby*, mae Charles Dickens yn disgrifio Dotheboys Hall a oedd yn cael ei redeg gan y Wackford Squeers dychrynllyd.

Y gred ar y pryd oedd y dylai plant gael eu disgybu'n llym.

Euthum drwy'r ysgol, y chwe safon ... a gwneud dim ond darllen, ysgrifennu a rhifyddeg. Am sŵn aflafar! Sŵn plant yn darllen yn uchel, yr athrawon yn ceryddu a'r disgyblion iau yn adrodd, yn mynd yn uwch ac yn uwch nes y byddai'r mistir yn canu'r gloch ar ei ddesg.

C Atgofion Joseph Ashby am fynd i'r Ysgol Genedlaethol yn ei bentref, yn *Learning and Teaching in Victorian Times*, P F Speed (1964)

Ch *(isod)* Y system fonitoraidd yn y dosbarth

1 **Gan ddefnyddio'r ffynonellau ac unrhyw wybodaeth arall yn y bennod hon, disgrifiwch ddiwrnod nodweddiadol ym mywyd plentyn neu athro. Gallwch ddweud beth allai fod wedi digwydd a'ch teimladau ynglŷn â'r amodau.**

2 **Oes yna rai pethau mewn ysgolion heddiw sydd heb newid ers y bedwaredd ganrif ar bymtheg?**

A Rhan o'r *Llyfrau Gleision* yn rhoi sylwadau am lawysgrifen disgyblion

---

... bydd yr iaith Gymraeg yn cael ei dysgu am un awr y dydd yn yr Ysgol ac yn ystod yr awr honno y Gymraeg fydd yr unig gyfrwng cyfathrebu yn yr Ysgol.

B Datganiad gan sylfaenwyr Coleg Llanymddyfri yn 1848

C Cartŵn yn gwneud hwyl am ben y tri chomisiynydd a Kay-Shuttleworth, yr Ysgrifennydd Addysg a anfonodd hwy i Gymru

Addysg yng Nghymru

'Brad y Llyfrau Gleision'

Yn 1846, galwodd William Williams, Aelod Seneddol Coventry a oedd wedi ei eni yng Nghymru, am gomisiwn i edrych ar safonau addysg yng Nghymru. Anfonwyd tri chyfreithiwr ifanc o Lundain i wneud yr ymchwiliad. Wedyn, cyhoeddwyd adroddiad a oedd yn feirniadol iawn o ysgolion Cymru a rhoddwyd sylw arbennig i'r athrawon, eu dulliau dysgu a'r adeiladau. Yn waeth na hynny, dywedwyd mai 'iaith caethwasiaeth' oedd y Gymraeg, a bod siarad yr iaith yn 'anfantais fawr i Gymru' ac yn 'rhwystr i ... gynnydd a ffyniant y Cymry'. Aeth yr adroddiad hyd yn oed mor bell â beirniadu ymddygiad gwragedd Cymru a dweud bod y Cymry yn hoff o ddiota ac yn anonest!

Er bod llawer o ddiffygion yn ysgolion Cymru, y gred oedd bod y feirniadaeth o'r bobl a'r iaith yn rhagfarnllyd ac yn annheg. Achoswyd llawer o ddicter a gelyniaeth gan yr adroddiad. Doedd y comisiynwyr a ysgrifennodd yr adroddiad ddim yn gallu siarad Cymraeg. Roedd adroddiad a gâi ei baratoi gan y Senedd yn cael ei alw'n 'Llyfr Glas' oherwydd lliw ei glawr. Wedi hyn, byddai pobl yn cyfeirio at yr hyn ddigwyddodd fel 'Brad y Llyfrau Gleision' am fod yr adroddiad mor sarhaus tuag at y Cymry.

Fe aeth pobl ati, serch hynny, i edrych yn fwy manwl ar gyflwr addysg yng Nghymru. Agorwyd mwy o ysgolion a sefydlwyd ysgolion **gwaddoledig** newydd.

Yn dilyn gwarth y Llyfrau Gleision, daeth yn arferiad i unrhyw blentyn a gâi ei ddal yn siarad Cymraeg gael ei gosbi drwy osod darn o bren neu lechen gyda'r llythrennau WN - *Welsh Not* - wedi'u cerfio arno. Byddai'r plentyn yn ei wisgo hyd nes y byddai un arall yn cael ei ddal. Er hynny, roedd rhai yn barod i sefyll dros eu hiaith.

Tâl ar sail canlyniadau

Roedd newidiadau eraill hefyd ar droed yn genedlaethol. Yn 1858, awgrymodd Comisiwn arall y dylai athrawon gael eu talu ar sail yr hyn roeddent yn ei ddysgu i'r disgyblion. Aeth arolygwyr i bob ysgol

i holi plant yn eu dosbarthiadau. Gyda'u cyflogau yn y fantol, gwnaeth yr athrawon i'r plant ddysgu eu tablau a ffeithiau di-ri ar eu cof. Roedd gan yr athrawon hefyd ddulliau o dwyllo'r system drwy annog plant araf i aros adre pan fyddai'r arolygwyr yn dod! Dywedodd y dyn a ddyfeisiodd y system, 'Os nad yw'n rhad, bydd yn effeithlon ac os nad yw'n effeithlon, bydd yn rhad'.

Rhagor o welliannau

Cam pwysig, yn 1870, oedd sefydlu Byrddau Ysgolion. Gwaith y Byrddau oedd arolygu'r ysgolion yn eu hardaloedd eu hunain ac roedd disgwyl iddynt adeiladu ysgolion mewn mannau lle nad oedd ysgolion. Byddai'r ysgolion yn derbyn arian gan y llywodraeth ac o'r trethi a byddent yn cael eu harolygu yn rheolaidd. Dywedai'r gyfraith hefyd fod yn rhaid i bob plentyn rhwng pump a deuddeg oed fynd i ysgol. Roedd addysg elfennol bellach yn orfodol a phenodwyd swyddogion presenoldeb i ddal pawb oedd yn chwarae triwant. Roedden nhw'n cael eu galw'n 'blismyn plant', yn Saesneg 'Boardmen', 'kiddie catchers' neu 'whippers-in'.

D Athrawon a phlant Ysgol Fwrdd Grangetown, Caerdydd yn 1897

Ch Ystafell ddosbarth o oes Fictoria wedi'i hail-greu yn Amgueddfa Werin Cymru, Sain Ffagan

1 Gan ddefnyddio ffynhonnell A ac unrhyw wybodaeth arall yn y bennod hon, sut y gallwch gefnogi'r farn nad oedd llawer o'r newidiadau addysgol o unrhyw fudd i bobl Cymru?

2 Edrychwch ar ffynhonnell Ch. Allwn ni fod yn siwr bod pob ystafell ddosbarth yn oes Fictoria yn edrych fel hyn?

3 'Roedd y byd addysg i gyd yn hollol anobeithiol tua'r adeg yma.' Fyddech chi'n cytuno â hyn?

I'r eglwys neu i'r capel?

Ganol y ddeunawfed ganrif roedd 'na ddiddordeb mawr mewn crefydd yng Nghymru. Roedd yn gyfnod o ddeffroad crefyddol pan aeth pobl ati i ddarllen eu Beiblau o'r newydd a mynd i gapel yn rheolaidd.

Anglicaniaid ac Anghydffurfwyr

Yng Nghymru, yr eglwys swyddogol neu 'sefydledig' oedd Eglwys Loegr. Roedd pobl a fyddai'n mynd i'r Eglwys yn cael eu galw'n **Anglicaniaid**. Roedd pobl nad oedden nhw'n cytuno â chredoau'r Eglwys, neu nad oedden nhw'n hoffi gwasanaethau'r Anglicaniaid, yn cael eu galw'n **Anghydffurfwyr** am nad oedden nhw'n cyd-fynd neu'n cydymffurfio â ffyrdd yr Eglwys.

Y Methodistiaid

Cyflog bychan iawn a gâi'r offeiriaid Anglicanaidd ac ychydig o ddiddordeb oedd gan rai ohonyn nhw yn y bobl. Er hynny, yn eu plith roedd rhai dynion da â daliadau cadarn iawn. Fe fydden nhw'n teithio o gwmpas y wlad yn pregethu mewn cyfarfodydd awyr agored. Oherwydd eu hagwedd gaeth a threfnus at grefydd, roedden nhw'n cael eu galw'n Fethodistiaid. Fe fydden nhw'n mynd i hwyl wrth bregethu a byddai tyrfa fawr yn dod ynghyd i wrando arnyn nhw. Yn Lloegr, arweinwyr y Mudiad Methodistaidd oedd y brodyr, John a Charles Wesley, a oedd hefyd yn emynwyr enwog. Yng Nghymru, y Methodistiaid mwyaf blaenllaw oedd Howell Harris, Daniel Rowland ac emynydd enwog arall, William Williams, a oedd yn byw ar fferm Pantycelyn, ger Llanymddyfri.

Mae emynau William Williams yn dal i fod yn boblogaidd yn y capeli heddiw a chlywir rhai ohonynt ar y maes rygbi cenedlaethol. Arhosodd y Methodistiaid yn rhan o Eglwys Loegr cyhyd ag yr oedd yn bosib ond tyfu wnaeth y bwlch rhyngddyn nhw. Yn 1811 fe dorrwyd y cysylltiad a ffurfiwyd carfan o Anghydffurfwyr. Adeiladwyd capeli newydd a phenodwyd eu gweinidogion eu hunain.

Yr eglwys neu'r capel?

Yn gyffredinol, arhosodd y tirfeddianwyr Saesneg eu hiaith yn driw i Eglwys Loegr ond trodd y rhan fwyaf o'r werin bobl Gymraeg eu hiaith yn Fethodistiaid. Yn y trefi a'r pentrefi roedd crefydd yn fater o bwys i nifer o bobl ac fe fydden nhw'n mynd i'r capel i wrando ar bregethwyr mawr eu dydd megis John Elias, John Jones, Tal-y-sarn a'r Bedyddiwr tanllyd, Christmas Evans. Mae Cyfrifiad 1851 yn dangos bod 80% o bobl Cymru oedd yn mynd i le o addoliad yn Anghydffurfwyr. Does 'na'r un stori sy'n dangos yn well i ni pa mor bwysig oedd crefydd i'r bobl na hanes Mari Jones.

A Bedd William Williams, Pantycelyn yn Eglwys Llanfair, Llanymddyfri

Gwaith anodd yw gwneud bywoliaeth yn gwasanaethu Duw … Ac eto, frawd, gall dyn fynd i mewn i fanc mewn siwt grand ond y darn papur carpiog sydd yn ei law … sy'n agor y drws ar y trysor y tu mewn. O, na allwch gredu - fe ddaw popeth i ran y sawl a gredo.

B Darn o bregeth Christmas Evans

Mari Jones o Lanfihangel-y-pennant

Merch gwehydd o Lanfihangel-y-pennant yng Ngwynedd oedd Mari Jones. Er na fedrai fynd i'r ysgol, roedd wedi dysgu darllen cyn bod yn ddeg oed. Roedd ei theulu yn rhy dlawd i gael Beibl Cymraeg, felly fe fyddai'n cael benthyg un gan gymydog. Dros gyfnod o chwe blynedd cynilodd yr 17 ceiniog oedd eu hangen i brynu ei Beibl ei hun. Yn un ar bymtheg oed, cerddodd yn droednoeth y pedwar deg kilometr dros y mynyddoedd i'r Bala i gael ei Beibl gan y gweinidog Methodistaidd, Thomas Charles. Yn anffodus, roedd y Beiblau i gyd wedi'u gwerthu ond rhoddodd iddi yr un oedd wedi ei gadw ar gyfer ei ffrind. Darllenai Mari'r Beibl yn gyson nes iddi farw yn 1872 yn 88 oed. Dywedir i benderfyniad y ferch a gerddodd i'r Bala ysbrydoli Thomas Charles i sefydlu'r Gymdeithas Feiblaidd Brydeinig a Thramor.

Pobl dduwiol

Oherwydd gwaith y Methodistiaid yn bennaf y byddai cynifer o Gymry yn mynd i'r capel. Ar ddydd Sul, roedd y capeli'n llawn gyda phob sedd yn llawn. Byddai pobl o bob oed yn mynd i'r ysgol Sul ac, yn ystod yr wythnos, fe fydden nhw'n mynd i gyfarfodydd gweddi. Roedd gan y Cymry ddelwedd newydd - pobl ddwys, ddifrifol, dduwiol.

Crefydd a gwleidyddiaeth

Roedd y werin bobl yn ystyried y Methodistiaid fel eu hamddiffynnwyr yn erbyn y meistri tir cefnog a oedd yn Anglicaniaid ac yn pleidleisio i'r Torïaid (yr enw ar y pryd ar y Ceidwadwyr). Roedd Cymry Cymraeg y capeli yn cefnogi'r blaid wleidyddol arall, y Rhyddfrydwyr. Yn 1868, etholwyd 21 o Ryddfrydwyr Cymreig yn Aelodau Seneddol. Cafodd y meistri tir eu dial drwy droi cannoedd o ffermwyr o'u tir. Yn 1872, fodd bynnag, cyflwynwyd y bleidlais ddirgel ac ni allai neb ddweud i bwy y byddai'r tenantiaid yn pleidleisio.

 C *(dde)* Y tu mewn i Eglwys Sant Nicholas ym Mro Morgannwg a chapel Pen-rhiw yn Amgueddfa Werin Cymru

---

1 **Edrychwch ar ffynhonnell C. Nodwch y prif wahaniaethau rhwng eglwysi a chapeli o ran eu golwg.**

2 **Sut y byddech yn egluro pam yr oedd cymaint o apêl i'r Methodistiaid yng Nghymru?**

3 **(a) Ym mha ffordd yr oedd hanes Mari Jones yn cael ei edmygu gymaint ar y pryd?**

(b) **Ydych chi'n meddwl bod pobl yn ymateb iddo yn yr un modd heddiw?**

4 **Gan ddefnyddio'r dystiolaeth sydd yn y bennod hon a phenodau blaenorol, dywedwch:**
(a) Pa mor bwysig oedd crefydd i'r bobl?
(b) A oedd crefydd yn bwysicach nag addysg yn y broses o gryfhau hunaniaeth Cymru? (Gweler Pennod 18)

Diwygio'r Senedd

Heddiw, gall pob dyn a dynes dros ddeunaw oed bleidleisio i ddewis Aelod Seneddol. Nid felly roedd hi ers stalwm, fodd bynnag. Ar ddechrau'r bedwaredd ganrif ar bymtheg, doedd gan bobl gyffredin ddim i'w wneud â gwleidyddiaeth gan mai ychydig iawn oedd â'r hawl i bleidleisio.

Y system cyn 1832

Ni fu unrhyw newid yn y system o ethol Aelodau i'r Senedd ers canrifoedd lawer. Roedd 'na fwrdeistrefi 'pwdr' a bwrdeistrefi 'poced'. Gallai 'bwrdeistref bwdr' ethol Aelod i'r Senedd er nad oedd y dref bellach yn bod. Doedd Old Sarum, ger Salisbury, yn ddim ond twmpath o bridd ac roedd Dunwich, ar arfordir Suffolk, wedi diflannu o dan Fôr y Gogledd. Ond, roedd dau Aelod Seneddol yn eu cynrychioli yn Llundain! Roedd 'bwrdeistref boced' yn cael ei rheoli neu 'ym mhoced' arglwydd neu dirfeddiannwr lleol. Ym Miwmaris, bu'r teulu Bulkeley yn Aelodau Seneddol am dros 150 o flynyddoedd, a bu'r Morganiaid yn cynrychioli Aberhonddu am 80 mlynedd!

Pobl oedd yn berchen ar dir neu a oedd yn talu trethi oedd fel arfer â'r hawl i bleidleisio. Yn Aberhonddu, dim ond 17 o ddynion allai bleidleisio! Roedd rhai eithriadau rhyfedd. Mewn 'bwrdeistref grochan', gallech bleidleisio pe bai gennych gartref ac ynddo dân lle gallech ferwi crochan! Yn 1830, ni allai'r un ddynes bleidleisio a dim ond un dyn o bob deuddeg oedd â'r hawl! Er hynny, credai rhai nad oedd angen newid.

Roedd etholaethau, ardaloedd a etholai Aelodau Seneddol, yn

A Old Sarum heddiw

Rydw i'n gwrthwynebu rhoi'r bleidlais i bawb oherwydd credaf y gall arwain at ... chwyldro. Yr hyn rydym ni'n ei ddweud yw ... nad ar sail nifer y dylai'r genedl gael ei rheoli, ond ar sail eiddo a deallusrwydd.

B Dadl yr hanesydd, Thomas Macaulay, yn 1831

C (dde) Mae cartŵn George Cruikshank yn dangos beth ddigwyddodd ar ddiwrnod yr etholiad. Gallwch weld sut y mae, 'Pilfer', sef yr ymgeisydd, yn ceisio perswadio pobl i bleidleisio iddo

amrywio yn eu maint. Doedd gan drefi fel Merthyr Tudful, a dyfodd yn ystod y Chwyldro Diwydiannol, ddim un Aelod Seneddol i'w cynrychioli. Nid oedd y bleidlais ddirgel yn bod bryd hynny. Byddai pawb yn pleidleisio yn gwbl agored. Gallai dynion dylanwadol a oedd yn awyddus i fod yn Aelodau Seneddol lwgrwobrwyo neu fygwth pleidleiswyr. Roedd hi'n system **lygredig** iawn.

Doedd gan neb o'r dosbarth gweithiol, a dim ond ychydig o'r dosbarth canol, lais ym materion y dydd. Câi'r wlad ei rhedeg gan y bonedd er eu budd hwy eu hunain. Doedd Aelodau Seneddol ddim yn cael cyflog, felly dynion cyfoethog yn unig allai fynd i'r Senedd. Aeth rhai dynion ati i fynnu newid. Roedden nhw am roi'r bleidlais i fwy o bobl, rhannu'r Aelodau Seneddol yn decach a sicrhau bod pleidlais pawb yn gyfrinachol.

Helynt Deddf Diwygio'r Senedd

Yn 1831, cynigiodd y Chwigiaid (sef y Rhyddfrydwyr yn ddiweddarach) newidiadau a fyddai'n gwella'r sefyllfa. Yn y Senedd, cafodd eu syniadau eu gwrthod ddwywaith gan y Torïaid. Roedd gwrthdystiadau, terfysgoedd a chyffro mawr ledled y wlad wrth i'r Aelodau Seneddol gwrdd i drafod y mater am y trydydd tro. Mewn rhai ardaloedd galwyd ar filwyr i adfer cyfraith a threfn. Dim ond ar ôl i'r brenin ymyrryd y cyflwynwyd y gyfraith newydd ym mis Mehefin 1832.

Fe welwyd rhai newidiadau yn sgil y Ddeddf Diwygio. Collodd yr ardaloedd gwledig eu Haelodau Seneddol a rhoddwyd hwy i'r trefi diwydiannol newydd. Cafodd Cymru bum sedd yn ychwanegol ac am y tro cyntaf roedd gan Ferthyr Tudful ac Abertawe hawl i ethol eu Haelodau Seneddol eu hunain. Er i'r bleidlais gael ei rhoi i 50% yn fwy o ddynion, dim ond un o bob saith allai bleidleisio. Ym Merthyr, dim ond 500 o ddynion allai bleidleisio! Roedd y bleidlais yn dal i fod yn agored, felly aeth y bygwth a'r llwgrwobrwyo ymlaen fel o'r blaen. Teimlai'r bobl, oedd wedi disgwyl cymaint, eu bod wedi'u twyllo. O'u dicter tyfodd mudiad newydd o'r enw Siartaeth.

Mae gan dref Old Sarum, lle nad oes yno gymaint â thri thŷ, ddau aelod; ond does gan Fanceinion, tref â phoblogaeth o ryw chwe deg mil, ddim un.

Ch Darn o'r *Rights of Man* gan Thomas Paine

... roedd ei dreuliau yn £15,690 - 11,070 brecwast, 36,901 cinio, 684 swper, 25,275 galwyn o gwrw, 11,068 potel o wirodydd ... £686 am rubanau a 4,521 o daliadau am logi ceffylau.

D Yn ei lyfr, *A History of Modern Wales* (1950), mae David Williams yn disgrifio faint wariodd Syr William Paxton i geisio cael ei ethol dros Sir Gaerfyrddin. Methu a wnaeth er hynny

---

1 (a) **Rhestrwch pa fath o bobl na allai bleidleisio cyn 1832.**
   (b) **Pam ydych chi'n meddwl roedd pobl gefnog mor awyddus i fod yn Aelodau Seneddol?**
   (c) **Pa ddadleuon fyddai'r bobl gyfoethog yn eu defnyddio i gadw pethau fel yr oeddynt?** (Efallai y cewch rai cliwiau defnyddiol yn ffynhonnell B.)
   (ch) **Gan ddefnyddio'r wybodaeth sydd yn y bennod hon, nodwch sut y ceisiodd y bobl gyfoethog sicrhau eu bod yn cael eu hethol?** (Gall ffynhonnell D eich helpu yma.)

2 **Ysgrifennwch lythyr yn dadlau'r achos dros newid y system bleidleisio yn 1831. Dylech gynnwys beth ddylai ddigwydd a pham.**

3 **Os oedd y sefyllfa mor annheg, pam ydych chi'n meddwl na wnaeth neb rhyw lawer i wella pethau cyn y 1830au?**

4 **Defnyddiwch y wybodaeth sydd yn y bennod hon i ateb y cwestiynau canlynol:**
   (a) **Pa mor fodlon ydych chi'n meddwl oedd gwahanol garfanau o bobl ar ôl Deddf Diwygio'r Senedd?**
   (b) **Sut allen nhw fod wedi adweithio ar ôl 1832? Rhowch resymau dros eich ateb.**

Galw i ymestyn y Siarter

Yn 1840 ym Mynwy, roedd achos llys yn erbyn John Frost - gŵr busnes llewyrchus o Gasnewydd, Ynad Heddwch a chyn-faer y dref. Cafodd ef a dau ddyn arall eu dedfrydu i'w crogi. Pam yr oedd Frost, dyn da a roddodd wasanaeth da i'w gymuned, yn cael ei grogi? Roedd Frost nid yn unig yn radical ac yn Anghydffurfiwr, ond hefyd yn un o arweinwyr y Siartwyr yng Nghymru.

Fel y gwelsom, roedd pobl yn anniddig am nifer o resymau: cyflogau gwael, amodau gwaith difrifol, tai gwael, y system dryc, diweithdra, y tlotai. Pe gallai Aelodau Seneddol a fyddai'n fodlon newid pethau gael eu hethol, fe allai pethau fod yn wahanol. Yn 1832, roedd pawb yn gobeithio y byddai system decach o ethol Aelodau Seneddol yn dod i fodolaeth yn fuan. Roedden nhw wedi eu siomi'n fawr gan Ddeddf Diwygio 1832. Trodd eu siom yn ddicter wrth i arweinwyr y dosbarth gweithiol feddwl sut i barhau â'u hymgyrch.

Siarter y Bobl

Yn 1838, lluniodd William Lovett Siarter y Bobl yn rhestru eu gofynion, chwech i gyd (gweler ffynhonnell B). Y Siartwyr oedd yr enw a roddwyd ar y bobl a gefnogai'r Siarter. Roedd Lovett yn ddyn tawel, addfwyn oedd am i'w amcanion gael eu gwireddu trwy ddulliau heddychlon. Roedd eraill, o dan arweiniad Feargus O'Connor, yn llai amyneddgar ac yn barod, pe bai angen, i

A Llun o William Lovett

B Gofynion y Siartwyr

ddefnyddio trais. Gwyddel tanllyd oedd O'Connor a allai ddal sylw tyrfa fawr. Credai na fyddai'r llywodraeth yn gwrando ar y Siartwyr ond pe bai ofn arnynt. Yng ngogledd Lloegr ac yng Nghanolbarth Lloegr, byddai'r gweithwyr yn heidio i gyfarfodydd o'r Siartwyr. Roedd hyd yn oed si ar led eu bod yn cael eu hyfforddi i ddefnyddio arfau.

Siartwyr Cymru

Yng Nghymru, ymddangosodd Siartaeth yng Nghaerfyrddin yn gyntaf ac yna yn Llanidloes a'r Drenewydd lle roedd y gwehyddion yn gweithio o dan amodau ofnadwy. Pan glywyd bod rhai dynion lleol yn casglu arfau ac yn ymarfer, anfonwyd tri heddwas o Lundain i lawr ac yn fuan wedyn daeth milwyr o Aberhonddu. Cafodd rhai dynion eu harestio a'u dedfryd oedd eu trawsgludo. Cafodd Siartaeth gefnogaeth dda yn ne Cymru lle roedd terfysgoedd Merthyr a chrogi Dic Penderyn yn fyw yn y cof. Yn ychwanegol at hyn, roedd gwrthdaro rhwng y meistri a'r gweithwyr ynglŷn ag undebau llafur. Yng Ngwent, ffurfiwyd carfanau oedd yn ymddwyn yn gwbl afreolus gan rai gweithwyr a gafodd eu rhwystro rhag sefydlu undebau. Y 'Teirw Scotch' oedd yr enw ar y carfanau hyn ac fe aethon nhw ati i fygwth a llosgi tai unrhyw un a ochrai gyda'r meistri. Yng Nghasnewydd y gwelwyd yr helbulon gwaethaf.

Yr ydym yn benderfynol o gael ein hawliau, yn heddychlon os gallwn, trwy drais os bydd rhaid; ond gwae'r rheini sy'n dechrau rhyfel yn erbyn miliynau.

C Rhybudd gan Feargus O'Connor mewn cyfarfod yn 1839

Ch Llun o Feargus O'Connor

Mae cynhyrfu pobol hyd at drais yn niweidiol i'r mudiad. Nid gynnau sydd eu hangen, ond addysg i'r werin bobl ... mae O'Connor am wneud popeth trwy ymosod.

D Ateb Lovett i araith O'Connor (gweler ffynhonnell C)

1 (a) I ba raddau ydych chi'n meddwl bod gofynion Lovett yn rhesymol?

(b) Os ydy'r gofynion yn ymddangos yn ddigon rhesymol, pam ydych chi'n credu bod rhai pobl wedi eu gwrthwynebu ar y pryd?

2 Pam roedd pobl yn credu y byddai cael y Siarter yn arwain at wella'u bywydau? Defnyddiwch y testun a'r ffynonellau i'ch helpu.

1839: Terfysg neu wrthryfel?

Mewn cyfarfod a gynhaliwyd yn Nhafarn y Coach and Horses yn y Coed Duon, gwnaeth Siartwyr lleol, o dan arweiniad John Frost, Zephaniah Williams a William Jones, gynlluniau cyfrinachol i gynnal gwrthdystiad mawr yng Nghasnewydd ar 3 Tachwedd 1839. Y bwriad oedd trefnu tair colofn o ddynion i orymdeithio o'r Coed-duon, Glyn Ebwy a Phont-y-pŵl ac ymuno i orymdeithio i mewn i Gasnewydd. Aeth popeth o'i le cyn dechrau. Am fod y tywydd mor arw, dim ond 5,000 o'r 20,000 oedd wedi eu disgwyl a ddaeth ynghyd! Cyn hir, roedden nhw'n wlyb at eu croen a throdd llawer yn ôl wedi llwyr ddigalonni. Wrth i'r glaw beidio, daeth y dynion at ei gilydd ym Mharc Tredegar ar gyfer yr orymdaith i ganol Casnewydd. Hanner awr wedi wyth y bore oedd hi pan aeth y dynion i lawr Stow Hill ac ymgynnull o flaen Gwesty'r Westgate. Roedd y maer, Thomas Phillips, yno'n barod. Darllenodd y Ddeddf Terfysg ac aros yno gyda chwnstabliaid arbennig o flaen y gwesty. Heb yn wybod i'r gwrthdystwyr, roedd hefyd wedi trefnu i 30 o filwyr arfog guddio y tu mewn i'r gwesty. Yn sydyn, roedd 'na ryw gythrwfl a chlywyd sŵn gwn yn saethu. Wrth i'r Siartwyr wthio eu ffordd i mewn i'r gwesty, agorwyd y ffenestri a saethodd y milwyr dair gwaith at y dorf y tu allan. Arhosodd pawb yn eu hunfan, petruso am ychydig ac wedyn dyma nhw'n gwasgaru. Gadawyd naw yn farw y tu allan i'r gwesty.

Roedd y terfysg i bob pwrpas drosodd. Trwy gydol yr amser arhosodd y maer yng nghanol yr helynt er iddo gael ei anafu yn ei fraich. Yn ddiweddarach cafodd Thomas Phillips, dyn o deulu digon cyffredin y bu ei dad yn gweithio ar y tomennydd cols yng Nglynebwy, ei anrhydeddu gan y Frenhines Fictoria am ei ddewrder.

Treuliodd John Frost weddill y dydd yn cuddio mewn tryc glo yn Castleton cyn mynd i dŷ ffrind, John Partridge. Ymhen rhai dyddiau roedd yr arweinwyr i gyd wedi'u dal. Yn yr achos ym Mynwy fe gawson nhw eu cyhuddo o deyrnfradwriaeth.

Roedd gan y barnwr rywfaint o gydymdeimlad â'r Siartwyr a chynghorodd y rheithgor i'w rhyddhau. Dadleuodd yr erlyniad bod y gwrthdystiad yng Nghasnewydd yn rhan o chwyldro cenedlaethol

A *(dde)* Y gwrthdystwyr yn ymgynnull wrth Westy'r Westgate yng Nghasnewydd ac *(uchod)* yn troi ar y cwnstabliaid ac ymosod ar y gwesty

llawer mwy. Roedd y rheithgor yn cytuno a chafwyd y dynion yn euog. Fe gawson nhw eu dedfrydu i farwolaeth. Ar ôl sawl apêl, cafodd y gosb ei gostwng a chawsant eu trawsgludo am oes. Anfonwyd hwy i'r llongau carchar yn Portsmouth ar gyfer y cam cyntaf o'r fordaith i Tasmania.

Treuliodd John Frost 15 mlynedd yn garcharor. Yn anffodus cafodd rhan o'i lythyr at ei wraig ei chyhoeddi mewn papur newydd ac am ei fod yn beirniadu aelod o'r llywodraeth ynddo, cafodd dwy flynedd arall eu hychwanegu at ei ddedfryd - a hynny â llafur caled! Yn 1854, cafodd John Frost bardwn ar yr amod na fyddai'n dychwelyd i Brydain. Pan gafodd ddod yn ôl adref yn y diwedd, cafodd groeso mawr gan bobl Casnewydd. Aeth i Fryste i fyw a theithiodd y wlad yn siarad am ei brofiadau. Bu farw yn 1877 yn 93 oed.

Deisebau eraill gan y Siartwyr

Yn 1842, cyflwynwyd ail ddeiseb yn cynnwys 3 miliwn o lofnodion i'r Senedd. Fel y ddeiseb gyntaf, cafodd ei thaflu allan. Cynhaliwyd rhai streiciau a therfysgoedd yma ac acw ond dim mwy. Yna, bum mlynedd yn ddiweddarach, cafwyd adfywiad yn y mudiad. Trefnwyd deiseb arall yn cynnwys 5 miliwn o lofnodion y tro hwn. Gwnaed cynlluniau i gynnal cyfarfod mawr ar Gomin Kennington ac yna gorymdeithio i'r Senedd gyda'r ddeiseb. Trefnodd y llywodraeth fod 150,000 o gwnstabliaid arbennig ar ddyletswydd a dod â rhagor o filwyr ac arfau i Lundain. Rhoddwyd hwy ar y pontydd i atal y Siartwyr rhag croesi Afon Tafwys. Aed â'r ddeiseb i'r Senedd mewn tri chab. Pan edrychwyd arni'n fanwl, gwelwyd ei bod yn cynnwys llai na 2 filiwn o lofnodion a bod nifer ohonyn nhw'n rhai ffug - roedd llofnod y Frenhines Fictoria yno un ar ddeg o weithiau ynghyd â llofnod Dug Wellington a Mr Punch! Gwrthodwyd y ddeiseb unwaith yn rhagor. Er nad oedd Siartaeth yn bwysig iawn wedi hyn, nid oedd y mudiad yn fethiant llwyr. O 1858 ymlaen, nid oedd yn rhaid i Aelodau Seneddol berchen eiddo; yn 1870 rhoddwyd pleidlais i'r mwyafrif o'r dynion oedd yn gweithio; cyflwynwyd y bleidlais ddirgel yn 1872 ac ar ôl 1911 cafodd Aelodau Seneddol eu talu.

B Pamffled gan John Frost yn rhoi ei farn am y digwyddiadau yng Nghasnewydd y diwrnod blaenorol

C Penddelw o John Frost

---

1 Ysgrifennwch adroddiad papur newydd ar derfysgoedd Casnewydd yn cefnogi naill ai'r Siartwyr neu'r Llywodraeth. Gall ffynonellau A a B fod o help i chi. Yn ogystal ag adrodd yr hanes, cofiwch fynegi eich barn eich hun am yr ochr ddewisoch chi.

2 Edrychwch ar ffynonellau A a B. Pa un fyddai fwyaf defnyddiol i hanesydd sy'n ceisio deall mwy am Siartaeth? Rhowch resymau.

3 Cymharwch yr hyn a ddigwyddodd i Frost a Dic Penderyn (Pennod 11). Allwch chi awgrymu rhesymau pam y cafodd un ei ddienyddio ond y cafodd y llall ei arbed?

4 Ai methu wnaeth Siartaeth? Ystyriwch y cwestiwn yn ofalus. Dydy'r cwestiwn ddim mor syml ag y mae'n ymddangos.

Palas crisial neu dŷ gwydr anferthol?

Y Frenhines Fictoria a'i gŵr, y Tywysog Albert

Ni fyddwn am seboni neb ond ... wedi gweithio ochr yn ochr â'i Fawrhydi Brenhinol, gallaf ddweud iddo ymdrechu nid fel tywysog ond fel gweithiwr. Roedd ganddo i'w wneud ... gymaint o waith ... ag unrhyw weithiwr arall yn y Deyrnas.

 A Datganiad gan wleidydd enwog o'r cyfnod, Richard Cobden

mae'n anhygoel o fodern, yn hardd eithriadol ... mor osgeiddig, mor gain, mor ysgafn ... mae'n unigryw.

 B Yr Arglwydd Redesdale yn disgrifio'r Palas Crisial

Yn 1851, cynhaliwyd sioe fasnach fawreddog yn Llundain. Ei hamcan oedd arddangos y datblygiadau diwydiannol, gwyddonol ac artistig diweddaraf o bob cwr o'r byd. Ei theitl swyddogol oedd Arddangosfa Fawr Gweithiau Diwydiannol Cenhedloedd y Byd ond gydag amser cafodd ei galw, yn syml, yr Arddangosfa Fawr.

Un o'r bobl a oedd yn cefnogi'r syniad o gynnal Arddangosfa Fawr oedd llywydd Cymdeithas Frenhinol y Celfyddydau, y Tywysog Albert, gŵr y Frenhines Fictoria. Gweithiodd yn galed i sicrhau ei lwyddiant (gweler ffynhonnell A).

Roedd yr arddangosfa i'w chynnal, gyda chefnogaeth ariannol gan ddiwydiannau ac unigolion preifat, yn Hyde Park yn Llundain. O'r 250 o gynlluniau a gyflwynwyd gan wahanol benseiri, cynllun Joseph Paxton enillodd y dydd.

Cynlluniau Joseph Paxton

Roedd Joseph Paxton, mab fferm o Swydd Derby, yn dod o gefndir digon cyffredin. Pan oedd yn gweithio fel garddwr, tynnwyd sylw Dug Devonshire at ei sgiliau. Cafodd ei benodi gan y dug i gynllunio'r gerddi yn Chatsworth, ac o'r tŷ gwydr yno y cafodd ei syniad am brif adeilad yr arddangosfa, y Palas Crisial. Byddai'r adeilad yn gorchuddio bron naw hectar o dir. Byddai'n 500 metr o hyd ac yn 33 metr o uchder. Byddai angen 300,000 o gwareli o wydr ac roedd rhodfeydd llydan i redeg ar hyd pob ochr.

Eto roedd gan Paxton ei feirniaid. Dywedodd rhai nad Hyde Park oedd y lle mwyaf addas i gynnal arddangosfa o'r fath, oherwydd fe allai 'holl grwydriaid Llundain fynd yno i glwydo dros nos' ac fe allai fod yn atyniad i 'dramorwyr a'u clefydau heintus'. Ac am y cynllun ei hun, cafodd ei ddisgrifio braidd yn angharedig gan rai yn 'dŷ gwydr anferthol'.

Cymerodd 2000 o ddynion 17 wythnos i adeiladu'r Palas Crisial. Yng nghanol yr holl rwysg ac ysblander, agorwyd yr arddangosfa gan y Frenhines Fictoria ar 2 Mai 1851.

Yr Arddangosfa

O bob cwr o'r byd, daeth 14,000 o bobl i arddangos 100,000 o eitemau. Roedd peiriannau a nwyddau o Brydain yn rhan bwysig o'r arddangosfa, yn naturiol, ond rhoddwyd hanner yr adeilad i arddangos nwyddau tramor - teganau o'r Almaen, tecstiliau o Ffrainc, ffwr o Rwsia, nwyddau cotwm o'r Unol Daleithiau a nwyddau gwlân o Awstralia. Teithiodd dros 6 miliwn o bobl o wledydd y byd i weld yr arddangosfa. Ym Mhrydain, cafodd rhai gweithwyr eu rhyddhau o'u gwaith i fynd yno a chynigiodd rhai perchenogion dalu i'w gweithwyr fynd â'u teuluoedd i Lundain. Wrth gwrs, roedd 'na filiynau na allai fforddio mynd. Byddai'r gost i deulu cyfan fynd yno yn fwy na rhent wythnos, felly roedd hi'n gwbl amhosibl i rai.

Bu'r arddangosfa ar agor am bum mis a hanner cyn cau ar 11 Hydref 1851. Gwnaeth elw clir o £186,437, swm mawr iawn o arian yn y cyfnod hwnnw. Defnyddiwyd yr arian i brynu tir yn Kensington i adeiladu'r Amgueddfa Wyddoniaeth, Amgueddfa Fictoria ac Albert, y Coleg Celf Brenhinol, y Coleg Cerdd Brenhinol a Neuadd Albert.

Datgymalwyd y Palas Crisial a'i ailgodi yn Sydenham yn ne Llundain. Er iddo gael ei ddifrodi mewn tân yn 1936, y mae'r clwb pêl-droed lleol, Crystal Palace, yn dal i gadw'r enw yn fyw.

Ch Darlun o'r Palas Crisial (1851)

C Cartŵn enwog yn 1851 lle mae Mr Punch yn atgoffa'r Tywysog fod 'na rai pobl na allai fynd i'r Arddangosfa Fawr

… dyma'r diwrnod mwyaf yn ein hanes, yr olygfa brydferthaf a mwyaf trawiadol i neb ei gweld erioed … Hwn oedd diwrnod hapusaf fy mywyd.

D Rhan o un o lythyrau'r Frenhines Fictoria

Bydd yr arddangoswyr, drwy eu dibyniaeth ar ei gilydd, yn fodd i hyrwyddo undod ymhlith gwahanol wledydd a heddwch ac ewyllys da ymhlith gwahanol genhedloedd.

Dd Barn y Tywysog Albert am yr arddangosfa - cyfle i arddangos cynnyrch gwahanol wledydd

---

1 (a) Ym mha fodd yr oedd barn y bobl am y Palas Crisial yn rhanedig?

(b) O'r wybodaeth sydd yn y bennod hon, allwch chi rag-weld unrhyw broblemau gyda'r adeilad?

2 Pa mor ddefnyddiol yw ffynonellau D a Dd yn rhoi barn y bobl o'r cyfnod hwn?

3 Edrychwch ar ffynhonnell C.

(a) Pa argraff y mae'r arlunydd yn ceisio ei chreu?

(b) Allwch chi ddarganfod tystiolaeth yn y bennod hon sydd naill ai'n cytuno neu'n anghytuno â'r farn hon?

4 'Esgus i ddangos rhagoriaeth Prydain.' Ydych chi'n meddwl bod rhyw wirionedd yn y safbwynt hwn am yr Arddangosfa Fawr?

22 *B*lynyddoedd yr Ymerodraeth

Erbyn diwedd y bedwaredd ganrif ar bymtheg, roedd Prydain yn rheoli ymerodraeth a estynnai dros un rhan o dair o'r byd. Ar fapiau'r cyfnod roedd 'na ardaloedd mawr wedi'u lliwio'n goch (Yr Ymerodraeth Brydeinig) a chyfeiriai'r bobl at yr 'ymerodraeth na fyddai'r haul byth yn machlud arni'.

Pwysigrwydd cael ymerodraeth dramor oedd y cyfoeth roedd yn ei greu. Roedd trefedigaethau'n ffordd o gael bwyd a **defnyddiau crai** rhad, a hefyd yn farchnad barod ar gyfer nwyddau oedd wedi'u gweithgynhyrchu. Darganfod a fforio i wledydd newydd, rhyfela a choncro gwledydd oedd yn creu ymerodraethau.

Yn y ddeunawfed ganrif, roedd Ymerodraeth Prydain yn cynnwys llawer o diroedd Gogledd America, India, Awstralia a nifer o ynysoedd ym mhob rhan o'r byd. Yn 1776, bu colli trefedigaethau America, 13 ohonynt, yn ergyd drom. Yn 1857 cafwyd miwtini yn erbyn Prydain yn India, sef y 'trysor' yng ngolwg Prydain ('the jewel in the crown'). Gorchfygwyd y miwtini. Yn dilyn 1870, mynd yn ei blaen wnaeth y broses o wladychu Affrica ac erbyn 1900 roedd gan Brydain drefedigaethau o un pen i gyfandir Affrica i'r llall.

Yn ystod teyrnasiad y Frenhines Fictoria, ymfudodd miloedd o bobl i Ganada, Awstralia, Seland Newydd a De Affrica. Yn eu plith roedd llawer o Gymry a gafodd eu denu gan yr addewid am ddigon o dir agored a chyfle i gael gwell bywyd. Nid pawb a aeth o'u gwirfodd. Bu'n rhaid i rai a gymerodd ran yn nherfysgoedd Merthyr, ymosodiadau Merched Beca a gwrthdystiadau'r Siartwyr fynd yn llongau'r carcharorion!

Ceisiodd y brodorion wrthsefyll ymdrechion tramorwyr i fynd â'u tir oddi arnyn nhw. Cafodd yr Aborigini yn Awstralia a'r Maori yn Seland Newydd eu cam-drin yn ofnadwy. Yn Affrica, ymladdodd byddinoedd Prydain frwydrau yn erbyn yr Ashanati, y Matabele a'r Zulu. Yn 1879 ymladdodd 24ain Catrawd y Milwyr Traed - Cyffinwyr De Cymru (South Wales Borderers) yn ddiweddarach - yn y frwydr enwog yn erbyn y Zulu yn Rorke's Drift. Mae baner y gatrawd yn rhestru 'anrhydeddau'r' gatrawd - y brwydrau a ymladdodd y gatrawd (gweler ffynhonnell B).

Er mwyn amddiffyn yr ymerodraeth a diogelu'r ffyrdd ar draws y moroedd, roedd yn rhaid adeiladu llynges fawr rymus. Yn y cyfnod hwnnw, llongau'r Llynges Frenhinol a reolai'r moroedd. Ar ôl oes y llongau **cliper** cyflym a'u hwyliau mawr, daeth llongau stêm i gludo nwyddau ar draws y byd. Golygai hyn y byddai'n rhaid cael storfeydd glo ar hyd y prif lwybrau hwylio. Roedd galw mawr am lo Cymru gan y cwmnïau hwylio a'r Llynges Frenhinol am ei fod yn lo di-fwg ac felly yn atal llongau rhyfel rhag datgelu eu lleoliad i'r gelyn.

Yn 1869, gorffennodd peiriannydd o Ffrainc, Ferdinand de Lesseps, adeiladu Camlas Suez. Roedd yn cysylltu y Môr Canoldir

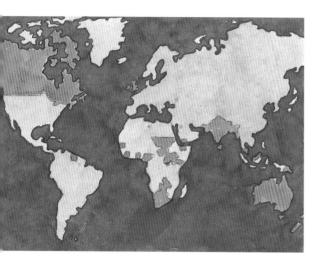

A Map yn dangos maint yr Ymerodraeth Brydeinig yn 1900

B Baner y Ffiwsilwyr Brenhinol Cymreig

a'r Môr Coch a chwtogwyd yr amser a gymerai i deithio rhwng Ewrop ac Asia. Ymhen chwe blynedd, llwyddodd Disraeli, Prif Weinidog Prydain ar y pryd, i brynu digon o gyfranddaliadau yn y gamlas i Brydain ei rheoli. Daeth Camlas Suez yn ddolen gyswllt bwysig rhwng Prydain a'i hymerodraeth yn y Dwyrain.

Yr ymerodraeth - o blaid neu yn erbyn?

Defnyddiodd Prydain ei safle yng nghanol ymerodraeth fawr er ei mantais ei hun. Erbyn diwedd y bedwaredd ganrif ar bymtheg, roedd yn un o'r gwledydd cyfoethocaf a mwyaf pwerus yn y byd.

Nid Prydain oedd yr unig wlad drefedigaethol. Roedd gan Ffrainc, yr Iseldiroedd a Phortiwgal ymerodraethau hefyd. Dadleuodd rhai fod y trefedigaethau wedi elwa hefyd trwy ddod i gysylltiad â dysg a Christnogaeth. Y gwir amdani, fodd bynnag, yw bod pob gwlad am fod yn gyfrifol am ei materion ei hun. Credai pobl y trefedigaethau eu bod yn cael eu camddefnyddio a bod diwylliant a chrefydd estron yn cael eu gwthio arnynt. Doedd ganddynt ddim hawl i gyfoeth eu gwlad. Erbyn hyn mae'r Ymerodraeth Brydeinig wedi hen ddiflannu ac yn ei lle sefydlwyd Cymanwlad o wledydd cyfartal.

C   Cartŵn yn *Punch* yn dangos Benjamin Disraeli, Prif Weinidog Prydain, gydag allwedd bwysig

… yr Ymerodraeth Brydeinig … yw'r cyfrwng gorau i hyrwyddo daioni a welodd y byd erioed.

Ch   Datganiad gan yr Arglwydd Curzon yn 1894

D   Hysbysebion gan allforwyr glo Cymru yn ymffrostio yn eu cysylltiad â'r ffyrdd ar draws y moroedd a'r Llynges Frenhinol

---

1. Edrychwch ar y map o'r Ymerodraeth Brydeinig (ffynhonnell A).
   (a) Allwch chi weld unrhyw batrymau?
   (b) Allwch chi awgrymu pam y daeth y mathau hyn o wledydd yn rhan o'r Ymerodraeth Brydeinig yn hytrach na rhai eraill?

2. Beth y mae enwau'r brwydrau a'r ymgyrchoedd yn ffynhonnell B yn ei ddweud wrthym am y llefydd y bu milwyr Cymru yn gwasanaethu yn y cyfnod hwn?

3. Gan ddefnyddio'r wybodaeth sydd yn y bennod hon ac mewn penodau eraill, pam ydych chi'n meddwl yr aeth cynifer o Gymry i wahanol rannau o'r Ymerodraeth?

4. Allwch chi feddwl sut i bu i welliannau mewn technoleg newid yr Ymerodraeth a syniadau pobl amdani?

5. 'All yr Arglwydd Curzon byth â bod o ddifrif yn ffynhonnell Ch. Allai neb yn ei iawn bwyll glodfori'r hyn a wnaeth Prydain.'
   (a) Ydych chi'n cytuno â'r datganiad hwn?
   (b) Pam y byddai pobl o'r cyfnod wedi credu'r Arglwydd Curzon?

6. Pam na fyddai mor hawdd i wlad adeiladu Ymerodraeth heddiw?

23 *I*werddon - y newyn mawr

A   Llythyr gan James Burns yn 1845 at Ddug Wellington yn Llundain

... o'r boblogaeth o 240, roedd tri ar ddeg eisoes wedi marw o newyn. Roedd y rheini oedd ar ôl yn ddim ond sgerbydau ... y plant yn wylo mewn poen a'r gwragedd yn rhy wan i sefyll.

B   Adroddiad gan wleidydd o'r enw W E Forster yn dilyn ymweliad â Bundorragha yn Swydd Mayo

Mae'r Gwyddelod, fel y Cymry, yn perthyn i'r Celtiaid. Mae eu hiaith a nifer o'u harferion yn debyg. Am ganrifoedd, bu Iwerddon o dan reolaeth Lloegr. Yn ystod yr ail ganrif ar bymtheg, cafodd nifer o deuluoedd o Loegr a'r Alban eu hannog i fynd i Iwerddon i fyw. Aethon nhw i ardal yn y gogledd ddwyrain oedd yn cael ei galw'n Ulster. Roedd y rhan fwyaf o'r Gwyddelod yn perthyn i'r Eglwys Babyddol ond roedd y newydd-ddyfodiaid yn Brotestaniaid, gyda'r rhan fwyaf ohonyn nhw perthyn i Eglwys Loegr. Ar ddechrau'r bedwaredd ganrif ar bymtheg, roedd Iwerddon gyfan yn rhan o Brydain Fawr ac yn cael ei rheoli o Lundain.

Ffermwyr bychan neu dyddynwyr oedd y rhan fwyaf o werin bobl Iwerddon. Roedden nhw'n dlawd ac yn dibynnu ar y cnwd tatws. Roedd safon byw y Protestaniaid yn well, a nhw oedd yn rheoli. Roedd y Gwyddelod yn dyheu am y diwrnod pan fydden nhw'n rhydd i reoli eu hunain. Yn y Senedd roedd hi'n anodd iddyn nhw leisio eu barn oherwydd bod 'na ddeddf oedd yn rhwystro Pabyddion rhag bod yn Aelodau Seneddol. Diolch i Daniel O'Connell, newidiwyd y ddeddf yn 1829.

Y newyn mawr

Yn ôl pob sôn, roedd pob Gwyddel yn bwyta, ar gyfartaledd, dros bedwar kilo o datws y dydd. Roedd yn ddiet digon rhesymol er ei fod yn undonog. Yn 1844, ymosodwyd ar y cnwd gan y **clwy tatws**. Daeth yn ei ôl y flwyddyn ganlynol ac, wrth i fwyd fynd yn brin, roedd y bobl yn dechrau llwgu.

Heb datws nac arian i brynu bwyd arall, roedd hi'n anodd iawn ar y bobl. Wrth i'r tlotai lenwi, dechreuwyd ymosod ar y storfeydd bwyd. Aeth rhai mor bell â cheisio bwyta porfa a rhisgl coed.

Codwyd arian yn Lloegr i'w anfon drosodd i Iwerddon a sefydlwyd canolfannau bwyd, ond roedd angen llawer mwy na hynny i ddatrys problem mor ddifrifol. Yr ateb fyddai anfon gwenith rhad ac unrhyw rawn arall i Iwerddon er mwyn gwneud bara, ond doedd hynny ddim yn bosib. Roedd Deddfau Ŷd wedi eu pasio a oedd yn golygu nad oedd caniatâd i ddod â grawn i mewn i'r wlad o wledydd eraill hyd nes yr oedd y pris wedi cyrraedd lefel arbennig. Roedd Robert Peel, y Prif Weinidog, am newid y ddeddf ond roedd y tirfeddianwyr Torïaidd yn gwrthod. Roedden nhw'n ofni y byddai grawn rhad yn llifo i mewn o wledydd tramor ac y byddai eu helw yn llai. Gyda'r perygl y gallai miliynau o bobl farw o newyn, ni allai Peel aros ddim mwy. Yn groes i ddymuniad ei blaid, diddymodd y Deddfau Ŷd. Yn anffodus, roedd hi'n rhy hwyr i wneud rhyw lawer o ddaioni. Methodd y cnwd tatws y flwyddyn ganlynol ac eto yn 1848.

C   Gwyddelod mewn carpiau yn gwylio angladd yn Skibbereen

Ar ôl y newyn mawr

Credir i un filiwn o bobl farw o glefydau a newyn. Ymfudodd llawer, gyda rhai yn dod i Gymru a Lloegr, ond aeth rhyw filiwn arall i America. Atgofion chwerw iawn oedd ganddynt, a drodd yn atgasedd tuag at y Saeson am iddyn nhw adael i'r Gwyddelod lwgu. Gadawyd bythynnod yn wag a hyd yn oed rai pentrefi cyfan, ac o ganlyniad i'r newyn a'r ymfudo disgynnodd poblogaeth Iwerddon o 8 miliwn i 6 miliwn.

Nid dyna oedd y diwedd ar y dioddef. Pan fyddai'r crofftwyr Pabyddol yn methu talu eu rhenti i'w landloriaid o Saeson, fe fydden nhw'n cael eu herlid o'u cartrefi. Yna, byddai eu bythynnod yn cael eu llosgi fel na allen nhw fynd yn ôl.

Cafodd Capten Boycott, asiant tir, ei drin â dirmyg a bu'n rhaid iddo adael Iwerddon. Daeth **boicotio** yn arf pwerus iawn. Yn America, ffurfiodd y Gwyddelod Frawdoliaeth y Ffeniaid. Nod y gymdeithas oedd gyrru'r Saeson allan o Iwerddon. Roedden nhw'n barod i ddefnyddio trais i gyrraedd eu nod. Roedd yr helyntion yn Iwerddon ar fin dechrau.

D Dehongliad arlunydd o deulu yn cael eu troi allan o'u cartref yn 1848

Rhaid i chi gadw draw oddi wrtho ar ochr y ffordd … yn y stryd … yn y siop … yn y farchnad, a hyd yn oed yn yr addoldy; drwy ei adael ar ei ben ei hun, fel pe bai'n wahanglwyf, fe ddangoswch iddo pa mor atgas yw ei drosedd.

Dd Arweinydd y Gwyddelod, Charles Stewart Parnell, yn dweud sut i drin y landlordiaid a'u hasiantau

Rwy'n tyngu y byddaf yn deyrngar i Weriniaeth Iwerddon, a gwnaf fy ngorau glas, yn wyneb unrhyw berygl, tra byddaf byw, i amddiffyn ei hannibyniaeth … Duw fyddo gyda mi.

Ch Pentref gwag Moveen yn 1849

E Rhan o'r llw a gymerai'r Ffeniaid

---

1 Edrychwch ar ffynonellau A a B. Os oedd Llywodraeth Prydain yn poeni am y broblem, pam na wnaethon nhw fawr ddim i helpu pobl Iwerddon?

2 Edrychwch ar ffynonellau C, Ch a D. Pa argraff y mae'r arlunwyr yn ceisio ei chreu ym mhob llun?

3 Pe baech chi'n dyddynnwr yn Iwerddon ar yr adeg yma, pa benderfyniadau y byddech chi'n debygol o'u gwneud?

4 Ydych chi'n meddwl bod y cyngor a roddwyd i'r Gwyddelod yn ffynhonnell Dd yn debygol o fod yn llwyddiannus? Rhowch resymau dros eich ateb.

5 Ydy'r wybodaeth sydd yn y bennod hon yn egluro i chi pam y bu helyntion yn Iwerddon yn ddiweddar? Allwch chi weld unrhyw gysylltiad rhwng yr hyn a ddigwyddodd yn y bedwaredd ganrif ar bymtheg a syniadau, credoau a digwyddiadau'r blynyddoedd diwethaf?

'Mewn undeb mae nerth'

... bydd unrhyw gytundeb rhwng gweithwyr a fydd yn hawlio codiad cyflog ... neu lai o oriau gwaith ... yn cael ei ddatgan yn ddi-rym.

A Deddf a basiwyd yn 1800

F'arglwydd, os ydym wedi torri unrhyw gyfraith, fe wnaethom hynny'n gwbl anfwriadol, nid ydym wedi niweidio enw da neb; ein dymuniad wrth ymuno oedd diogelu ein gwragedd a'n plant rhag llwgu. Rhown her i unrhyw un ... brofi fel arall ...

B Rhan o ddatganiad George Loveless

C (isod) Cartŵn o'r cyfnod yn gwneud hwyl am ben unrhyw un a ymunai ag undeb llafur

Doedd y syniad y dylai gweithwyr ymuno er mwyn ceisio cael gwell amodau gan eu meistri ddim yn newydd. Ar ddiwedd y ddeunawfed ganrif, roedd dynion a geisiai 'gyfuno' yn cael eu hystyried yn fygythiad. Cyflwynodd y llywodraeth ddeddfau, y Deddfau Cyfuno, i wneud undebau llafur yn anghyfreithlon.

Yn 1825, diddymwyd y Deddfau Cyfuno a sefydlwyd undebau llafur ar hyd a lled y wlad. Credai Robert Owen mai gwell fyddai ffurfio un undeb mawr ar gyfer y gweithwyr i gyd. Galwodd ef ei undeb yn Undeb Llafur Cyfunol Cenedlaethol Mawreddog, sef yn Saesneg y Grand National Consolidated Trades Union neu, yn fyr, GNCTU. Roedd cynllun Owen yn uchelgeisiol. Wrth i nifer ei aelodau dyfu dros hanner miliwn, roedd y cyflogwyr yn dechrau pryderu. Cafwyd bygythiad gan berchenogion ffatrïoedd y bydden nhw'n rhoi'r sac i ddynion a fyddai'n ymuno â'r undeb. Yn 1834 cododd helynt y chwe gwas fferm o Tolpuddle.

Merthyron Tolpuddle

Pentref bychan yn Dorset yw Tolpuddle. Yn 1834, penderfynodd chwe gwas fferm lleol ymuno ag undeb. Ymhlith y chwech oedd dau frawd, George a James Loveless, eu brawd yng nghyfraith a'i fab, Thomas a John Stanfield, John Brine (cariad eu chwaer) ac un arall, James Hammett. Er bod undebau llafur yn gyfreithlon, cawson nhw eu harestio. Wrth ymaelodi ag undeb, roedd yn rhaid cymryd rhan mewn seremoni a thyngu **llw**. Cymerodd eu cyflogwr fantais ar hen ddeddf a ddywedai ei bod hi'n anghyfreithlon i dyngu llw. Nid bod yn aelodau o undeb oedd y cyhuddiad yn eu herbyn felly, ond tyngu llw yn anghyfreithlon. Chawson nhw ddim rhoi tystiolaeth ond

Yes Gentlemen, these *is* my principles,—no K—g,—no L—ds,—no Parsons,—no Police,—no Taxes.

cafodd datganiad gan George Loveless ei ddarllen yn y llys. Ar ddiwedd yr achos yn Dorchester fe'u cafwyd i gyd yn euog a'r ddedfryd oedd eu trawsgludo i Tasmania am saith mlynedd. Roedd pawb wedi'u syfrdanu. Agorwyd cronfa i gefnogi eu gwragedd a'u plant a dechreuwyd ymgyrch i'w rhyddhau. Yr arweinwyr oedd Robert Owen, William Cobbett a Daniel O'Connell.

Ar ôl pedair blynedd cafodd y dynion ddod yn ôl adref. Penderfynodd pump o'r chwech ymfudo i Ganada a dim ond un, James Hammett, a ddewisodd aros yn Tolpuddle. Bu farw yn nhloty Dorchester yn 1891 yn 90 oed. Doedd dim cymaint o frwdfrydedd tuag at undebau llafur ar ôl y gosb a gafodd y chwe gwas fferm. Ofnai dynion y gallen nhw gael eu trawsgludo pe baen nhw'n ymuno. Daeth undeb Robert Owen, y GNCTU, i ben.

Mathau newydd o undebau llafur

Ar ôl profiad y GNCTU, roedd pawb yn fwy gofalus. Ymddangosodd undebau newydd llai eu maint, rhai gwahanol ar gyfer gwahanol grefftau. Roeddent wedi'u trefnu'n well ac roedd ganddynt swyddogion cyflogedig. Roedd y blynyddoedd a ddilynodd yn gymharol dawel hyd nes yr ymddangosodd undebau mwy milwriaethus eto yn ystod y 1880au.

God is our guide! No swords we draw,
We kindle not war's battle fires;
By reason, union, justice, law,
We claim the birthright of our sires;
We raise the watchword, liberty,
We will, we will, we will be free.

Ch Ysgrifennodd George Loveless, a oedd yn bregethwr achlysurol gyda'r Methodistiaid, y gerdd hon

D *(isod)* Y 'troseddwyr' yn dychwelyd yn *Cleave's Penny Gazette of Variety* (1838)

THE RETURNED 'CONVICTS'

James Brine
Aged 25

Thomas Stanfield
Aged 51

John Stanfield
Aged 25

George Loveless
Aged 41

James Loveless
Aged 29

1 Edrychwch ar ffynonellau A a C.
  (a) Pam fyddai'r llywodraeth am gyflwyno deddf yr un fath â'r un y cyfeiriwyd ati yn ffynhonnell A?
  (b) Pa dystiolaeth sydd i brofi nad oedd yr arlunydd yn ffynhonnell C yn cytuno â phobl yn ymuno ag undebau?

2 (a) Beth ydych chi'n meddwl roedd y llywodraeth yn ceisio ei gyflawni drwy achos Merthyron Tolpuddle?
  (b) Wnaethon nhw lwyddo yn eu hamcanion?

3 Edrychwch ar ffynonellau B a Ch. Oes yna unrhyw wahaniaeth yn yr hyn y mae George Loveless yn ceisio ei ddweud ynddynt?

As Far Off as Ever.

A Cartŵn yn y *Western Mail* (1898) yn dangos gwahanol safbwyntiau perchenogion y pyllau a'u gweithwyr ynglŷn â chyflogau

B Merched ffatri matsys Bryant and May ar streic yn 1888

Anghydfod pellach

Cyflog glowyr - graddfa symudol

Yn ystod y 1870au, roedd llai o alw am lo ac wrth i'w bris ostwng, gostwng hefyd wnaeth cyflog y glowyr. Cynhaliwyd nifer o streiciau ond, yn y diwedd, bu'n rhaid i'r glowyr ildio a derbyn llai o gyflog. Arweinydd y glowyr oedd William Abraham neu, a rhoi iddo ei enw barddol mwy cyfarwydd, Mabon. Roedd yn ddyn mawr o gorff, yn areithiwr rhagorol ac yn denor da. Roedd yn hoff o ganu emymau Cymraeg ac yn falch o'r iaith Gymraeg. Yn 1885, cafodd ei ethol yn Aelod Seneddol Rhyddfrydol dros y Rhondda a meiddiodd siarad Cymraeg yn Nhŷ'r Cyffredin. Pan ddechreuodd rhai chwerthin am ei ben, dywedodd Abraham wrthynt mai adrodd Gweddi'r Arglwydd a wnaeth. Ceisiodd Mabon ddod â heddwch i'r pyllau glo ac oherwydd ei ymdrechion ef y cytunodd y glowyr i dderbyn eu cyflog ar sail **graddfa symudol**. Dibynnai'r raddfa ar bris glo a'r elw a wnaed.

Merched y ffatri matsys a docwyr Llundain

Nesaf, fe ddaeth dwy streic a dynnodd sylw pawb. Yn 1888, cerddodd merched a weithiai yn ffatri matsys Bryant and May yn Llundain allan o'u gwaith. Yn rhan o'u gwaith roedd yn rhaid iddyn nhw drochi'r matsys mewn ffosfforws. Er mwyn cyflymu'r gwaith, fe fydden nhw'n dal y matsys rhwng eu gwefusau. Petai eu cegau'n cyffwrdd â'r ffosfforws, byddai'n achosi briwiau cas a fyddai'n arwain at bydredd yr ên. Cafodd y merched lawer o gefnogaeth y cyhoedd ac fe lwyddon nhw i ennill eu hachos am well amodau gwaith. Y flwyddyn ganlynol, mynnodd docwyr Llundain gael codiad cyflog a fyddai'n rhoi iddynt 2g yr awr. Chwe cheiniog fyddai hynny yr adeg honno (sef '**tanner**'). Eto fe gawson nhw gefnogaeth y cyhoedd. Agorwyd cronfa streic a llifai'r arian i mewn, hyd yn oed o wlad mor bell ag Awstralia. Yn y diwedd, ildiodd y cyflogwyr a thalu'r arian.

Helynt ar Reilffordd Dyffryn Taf

Roedd y berthynas rhwng Cwmni Rheilffordd Dyffryn Taf a'i weithwyr yn dda. Roedd yn un o'r cwmnïau cyntaf i dalu pensiynau i'w weithwyr pan fydden nhw'n ymddeol. Er hynny, roedd yn gwrthwynebu i'w weithwyr ymuno ag undeb y rheilffyrdd sef Cymdeithas Unedig y Gweithwyr Rheilffyrdd. Yn 1900 trefnwyd streic a barodd am ddeg diwrnod. Yn ystod y cyfnod hwnnw daeth y cwmni â gweithwyr eraill i mewn i weithio yn eu lle. Yn dilyn y streic, aeth y cwmni â'r undeb i'r llys i hawlio'r holl arian a gollwyd yn ystod y streic. Cwmni Rheilffordd Dyffryn Taf enillodd a bu'n rhaid i'r undeb dalu £23,000 iddynt. Golygai hyn y gallai unrhyw undeb a fyddai'n galw streic gael ei hun yn y llys a chael ei orfodi i dalu dirwy a allai ei wneud yn fethdalwr.

Gwaethygu wnaeth y berthynas rhwng y gweithwyr a'u cyflogwyr a chafwyd mwy o streiciau. Ar yr un adeg, ymddangosodd plaid wleidyddol newydd i herio'r Ceidwadwyr a'r Rhyddfrydwyr ac i ddiogelu buddiannau'r dosbarth gweithiol.

Os oedd helynt yn bygwth, fyddai Mabon byth yn ceisio adfer trefn yn y ffordd arferol. Dechreuai ganu emyn Cymraeg neu Hen Wlad fy Nhadau. Prin na fyddai wedi cyrraedd yr ail linell, â'i freichiau fry yn yr awyr, na fyddai'r dyrfa fawr wedi ymuno ag ef fel un côr. Byddai'r storm wedi cilio.

Ch Cyfrinach Mabon yn ôl un o arweinwyr glowyr yr Alban, yn *South Wales Miners*, R Page Arnot

Cafodd y docwyr eu harwain yn wych. Bob diwrnod, byddent yn gorymdeithio drwy Lundain gyda bandiau a baneri ... Yn ogystal â baneri, un tro, cariai'r gorymdeithwyr winwns drewllyd, hen bennau pysgod a darnau o gig wedi pydru er mwyn dangos i bobl gyfoethog Llundain sut yr oeddent yn byw.

D Disgrifiad o ymgyrch y docwyr yn *The Labour Party*, gan Edward Wilmot

C Poster a ddefnyddiwyd yn 1900 adeg streic Rheilffordd Dyffryn Taf

Sing a song of sixpence,
Dockers on the strike,
Guinea pigs as hungry,
As the greedy pike.
Till the docks are opened,
Burns for you will speak,
Courage lads, and you'll win,
Well within a week.

Dd Cân y docwyr oedd ar streic pan fyddent yn gorymdeithio

1 Edrychwch ar ffynonellau A, C a Ch.
 (a) Pa bwynt y mae'r arlunydd yn ceisio ei wneud yn ffynhonnell A?
 (b) Pa mor ddibynadwy ydych chi'n meddwl yw ffynhonnell Ch? Rhowch resymau dros eich ateb.
 (c) Oes gan ffynhonnell Ch rywbeth i'w ddweud am agweddau pobl ar yr adeg yma?
 (ch) Pa ochr y mae'r poster yn ffynhonnell C yn ei chefnogi?

2 Pa ddatblygiadau yn y bennod hon sy'n ymddangos:
 (a) fwyaf defnyddiol o ran gwella pŵer yr undebau llafur?
 (b) leiaf defnyddiol o ran gwella pŵer yr undebau llafur?

25 Rhyddfrydwyr a thwf Llafur

Ychydig ond y tlawd all deimlo dros y tlawd, ni ŵyr y cyfoethog pa mor anodd yw hi i fod ar lwgu. Gofynnaf i chi felly anfon i'r Senedd un o'ch plith a all, yn ei dlodi, deimlo dros y tlodion ...

 A Geiriau Keir Hardie pan safodd fel ymgeisydd i'r Senedd yn 1888

Gyrrodd i fyny i'r Tŷ ... wedi'i wisgo mewn siwt waith ac arni staeniau a chap brethyn am ei ben yng nghwmni band pres swnllyd a thyrfa swnllyd o slymiau'r dociau a oedd yn cynnwys nifer o bobl annymunol ... a chwyldroadwyr a ddylai gael eu gyrru o'r wlad cyn iddynt heintio ein pobl dda synhwyrol â'u syniadau.

B Papur newydd yn disgrifio Keir Hardie yn cyrraedd Tŷ'r Cyffredin. Dyfynnwyd yn *The Hungry Heart - James Keir Hardie*, gan John Cockburn (1956)

Dyma bennill o *Iolanthe* gan Gilbert a Sullivan:

Every boy and every gal
That's born into this world alive
Is either a little Liberal
Or else a little Conservative.

Fyddai hyn yn sicr ddim yn wir am yr adeg pan ysgrifennwyd yr opera yn 1882. Er bod rhai newidiadau wedi digwydd, ychydig o bobl o'r dosbarth gweithiol yn y trefi diwydiannol oedd â'r hawl i bleidleisio.

Cafodd nifer y dynion a allai bleidleisio ei ddyblu gan ddeddf a basiwyd yn 1867. Ar ôl 1872, roedd gan bawb hawl i bleidlais ddirgel neu gyfrinachol. Yn 1884, rhoddwyd pleidlais i ddynion dros 21 oed. Golygai hyn y gallai pob glöwr, gweithiwr dur a gwas fferm bleidleisio. Y cwestiwn oedd pwy a gâi eu pleidlais?

Dyddiau da'r Rhyddfrydwyr

Gan nad oedd yna'r un blaid a ofalai am fuddiannau'r dosbarth gweithiol yn unig, trodd y rhan fwyaf o'r pleidleiswyr newydd at y Rhyddfrydwyr. Roedd pobl Merthyr Tudful a'r Rhondda eisoes wedi anfon Henry Richard a William Abraham i'r Senedd. Yn etholiadau 1885 enillodd y Rhyddfrydwyr 30 sedd o'r 34 oedd yng Nghymru. Cafodd hyd yn oed Syr Watkin Wynn, y bu ei deulu yn y Senedd am 182 o flynyddoedd, ei orchfygu! Bum mlynedd yn ddiweddarach, etholodd bwrdeistrefi Caernarfon gyfreithiwr lleol yn Aelod

C *(dde)* Poster adeg etholiad 1892 yn cefnogi Keir Hardie

Seneddol, sef David Lloyd George. Ef, ymhen amser, fyddai'r Cymro cyntaf i fod yn Brif Weinidog. Roedd llawer o'r Rhyddfrydwyr Cymraeg yn Anghydffurfwyr. Roedden nhw am gael gwared ar ddylanwad yr Eglwys Anglicanaidd a diogelu'r diwylliant Cymreig a'r iaith Gymraeg.

Keir Hardie

Roedd Keir Hardie, a gafodd ei eni ger Glasgow yn 1856, yn un o naw o blant. Roedd ei deulu'n dlawd iawn ac, yn ddeuddeg oed, aeth i weithio mewn pwll glo. Dysgodd ei hun i ddarllen ac ysgrifennu a daeth yn weithgar iawn gydag undebau llafur. Fel un a oedd am amddiffyn y gweithwyr a'r tlodion, nid oedd am ddibynnu ar y Rhyddfrydwyr. Yn 1893 felly, ffurfiodd y Blaid Lafur Annibynnol. Nid enillodd yr etholiad hwnnw yn Lanark ond bedair blynedd yn ddiweddarach pleidleisiodd pobl East Ham yn Llundain iddo.

Cafodd Hardie ei wawdio gan rai papurau newydd a'i alw'n 'Aelod Seneddol y Di-waith'. Roedd yn falch o'i lysenw. Yn 1893, cafodd ei gynddeiriogi gan y sylw a roddodd y papurau newydd i enedigaeth aelod o'r teulu brenhinol yn hytrach nag i ddigwyddiad arall a ddigwyddodd ar yr un dydd - trychineb mewn pwll glo lle bu farw 290 o ddynion yng Nghilfynydd yn ne Cymru. Oherwydd hyn, collodd ei sedd yn East Ham. Yn 1900 fodd bynnag, fe ddychwelodd i Dŷ'r Cyffredin yn Aelod Seneddol dros Ferthyr Tudful.

Yn etholiad 1906, enillodd Llafur 29 sedd, dim ond dyrnaid o'i gymharu â'r 377 sedd a gafodd y Rhyddfrydwyr a'r 157 sedd a gafodd y Ceidwadwyr. Yng Nghymru nid enillodd y Ceidwadwyr yr un sedd ond byddai'n rhaid aros 20 mlynedd cyn y byddai 'Cymru yn perthyn i'r Blaid Lafur'.

D Cartŵn o 'Aelod Seneddol y Di-waith'

Cymeraf mai'r Tŷ hwn yw llais y genedl gyfan … y di-waith a'r dosbarthiadau mwy cyfoethog fel ei gilydd. Ond fydd y Tŷ ddim yn siarad ar ran y genedl … os na wneir rhywbeth dros y bobl hynny sy'n dioddef mor enbyd rydw i'n pledio ar eu rhan.

Ch Araith gyntaf Hardie yn Nhŷ'r Cyffredin

O gael arweinydd cryf, bydd y Cymry yn flaenllaw yn y mudiad Sosialaidd. Gall y bobl hyn sy'n garedig eu natur, yn parchu cyfiawnder ac yn casáu gormes gael eu hysgogi'n hawdd i ymladd dros yr hyn sy'n iawn.

Dd Erthygl gan Hardie yn y *Labour Leader* (1898)

1 Edrychwch ar ffynonellau A, C, Ch a Dd.
   (a) Sut y ceisiodd Keir Hardie ennill cefnogaeth y bobl?
   (b) Pa fath o bobl y byddech chi'n disgwyl iddynt wrthwynebu ei syniadau?

2 Edrychwch ar ffynonellau B a D.
   (a) Pa dystiolaeth sy'n dangos bod y papur newydd yn feirniadol o Hardie a'r hyn roedd yn sefyll drosto?
   (b) Ydy ffynhonnell D o blaid neu yn erbyn Hardie? Rhowch resymau dros eich ateb.

3 Pa resymau allwch chi awgrymu pam mai ychydig o gefnogaeth a roddodd y Cymry i'r Blaid Geidwadol wedi 1867?

26 Ymladd yn erbyn clefydau a phoen

Mae'r sawl sy'n derbyn llawdriniaeth yn ein hysbytai mewn mwy o berygl o farw nag oedd milwr ar faes y gad yn Waterloo.

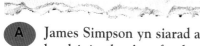

A James Simpson yn siarad am lawdriniaethau'r cyfnod

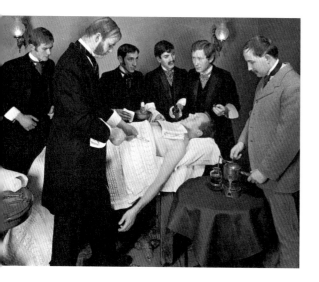

B Llawdriniaeth yng nghyfnod Lister. Sylwch ar wisg y meddygon a'r defnydd a wneir o anesthetig ac antiseptig

C *(dde)* Cartŵn cyfoes yn gwneud hwyl am syniad Jenner o frechu

Er eu bod ar fin diflannu, roedd ambell gwacfeddyg a barbwr-lawfeddyg (â pholion coch a gwyn y tu allan i'w siopau) ar hyd y lle o hyd. Roedd eu meddyginiaethau yn syml, yn gwbl ddiwerth ambell dro ac yn aml yn boenus. Roedd defnyddio haearn poeth i lanhau clwyfau a gollwng gwaed, drwy agor gwythiennau neu ddefnyddio **gelod**, yn ddwy ffordd o drin afiechydon. Roedd cael llawdriniaeth yn gallu bod yn brofiad arswydus. Câi cymalau eu torri i ffwrdd heb **anesthetig** i ladd y boen a heb ofal am lendid. Y tebygrwydd oedd y byddai'r claf, hyd yn oed pe bai'n byw drwy boen dirdynnol y llawdriniaeth, yn marw yn fuan wedyn o ganlyniad i haint. Yn ffodus, roedd 'na rai meddygon a llawfeddygon da.

Roedd y sgrechiadau o boen a oedd i'w clywed adeg llawdriniaeth yn **erchyll**. Roedd Syr Humphry Davy, y dyn a ddyfeisiodd lamp y glöwr, wedi darganfod hefyd y gallai'r nwy nitrus ocsid bylu'r synhwyrau a gwneud pobl yn anymwybodol. Roedd y nwy'n cael ei alw'n 'nwy chwerthin' am ei fod yn achosi i bobl chwerthin. Gwell o lawer, fodd bynnag, oedd cloroffform. James Simpson oedd y cyntaf i'w ddarganfod ac roedd yn ddiogel ac yn hawdd i'w ddefnyddio. Gwrthwynebai un offeiriad y defnydd oedd yn cael ei wneud o anesthetig gan ddweud mai gwaith y diafol oedd 'yn dwyn oddi ar Dduw floeddiadau dwfn a thaer am gymorth mewn cyfyngder'!

Joseph Lister oedd y cyntaf i ddefnyddio **antiseptig** i wneud llawdriniaeth yn fwy diogel. Yn ystod ei lawdriniaethau, byddai toddiant gwan o asid carbolig yn cael ei chwistrellu o gwmpas y bwrdd llawdriniaeth. Mynnai hefyd fod ei holl offer yn cael eu rhoi mewn dŵr berwedig. Er i rai gael hwyl am ei ben oherwydd y pwyslais a roddai ar lendid, gwelwyd yr un arferion yn cael eu defnyddio cyn hir yn yr ysbytai.

Roedd y frech wen yn glefyd heintus iawn. Roedd hi'n hawdd adnabod y rhai oedd wedi cael y clefyd oherwydd y creithiau ar eu hwynebau. Clywodd Edward Jenner hen goel na fyddai morynion llaeth byth bron yn dal y frech wen. Ar ôl ymchwilio, gwnaeth y

darganfyddiad fod brech y fuwch yn fwy cyffredin yn eu plith. Daeth i'r casgliad fod brech y fuwch, a oedd yn ddiniwed, yn rhoi imiwnedd iddynt rhag y frech wen oedd yn fwy difrifol. Yn dilyn hyn cafodd pobl eu brechu â sylwedd a gymerwyd o loi heintus er mwyn eu hamddiffyn rhag y frech wen. Ychydig ar y dechrau a gredai fod ei ddulliau yn ddiogel a bu'n rhaid iddo ddioddef llawer o wrthwynebiad a hyd yn oed pobl yn gwneud hwyl am ei ben. Yn ddiweddarach, gwobrwywyd ef am ei waith gan y llywodraeth.

Wedi i Louis Pasteur, gwyddonydd o Ffrainc, wneud rhagor o waith, datblygwyd brechlynnau eraill a oedd yn amddiffyn rhag clefydau megis colera, tyffoid a difftheria a laddodd lawer iawn o blant. Yr oedd, mewn gwirionedd, wedi darganfod yr egwyddor o frechu (*vaccus* sef y gair a roddodd fod i *vaccination* yn Saesneg yw'r gair Lladin am fuwch). O gael dos ysgafn o ryw haint arbennig byddai'r corff yn imiwn rhag achos mwy difrifol o'r haint hwnnw.

Fe welir gwelliannau yn y byd meddygol yn aml ar adeg o ryfel. Gwelwyd dechrau'r gwasanaeth nyrsio cyntaf yn ystod Rhyfel y Crimea (1851-56). Ffrwyth llafur un o'r menywod enwocaf yn hanes Prydain oedd hyn, Florence Nightingale.

'Y Ferch â'r Lamp'

Nid merch gyffredin oedd Florence Nightingale. Ar adeg pan oedd nyrsio yn cael ei ystyried yn waith anaddas i ferched ifanc, aeth yn groes i ddymuniad ei theulu a'r awdurdodau a hwylio gyda chriw o nyrsys allan i'r Crimea. Yno, fe welodd fod yr amodau yn echrydus (gweler ffynhonnell Ch).

Aeth Nightingale ati i newid y drefn yn gyfan gwbl. Oherwydd ei harferiad o fynd o gwmpas pob ward cyn nosi cafodd yr enw 'Y Ferch â'r Lamp' gan y milwyr diolchgar. Daeth yn ôl i Brydain, a gosod y canllawiau y mae'r gwasanaeth nyrsio yn seiliedig arnynt heddiw i raddau helaeth.

D *(dde)* Carreg fedd Florence Nightingale yn East Willow, Hampshire. Ei dymuniad oedd cael llythrennau'i henw yn unig ar y garreg

Roedd y budreddi yn annisgrifiadwy. Gorweddai'r dynion ar hyd y coridorau ar loriau budr â phryfed ym mhob man. Eu gobenyddion oedd eu hesgidiau wedi'u lapio mewn blancedi a oedd yn galed gan waed a budreddi … Byddai coesau a breichiau'n cael eu torri i ffwrdd o flaen cleifion eraill.

Ch Dyma ddisgrifiad Florence Nightingale o'r amodau a welodd pan gyrhaeddodd y Crimea

Cwestiynau

1 Pa wybodaeth a roddir yn y bennod hon i gefnogi barn Simpson yn ffynhonnell A?

2 Edrychwch ar ffynonellau C a Ch.
   (a) O ba dystiolaeth y gallai'r cartwnydd yn ffynhonnell C fod wedi dod o hyd i'w wybodaeth?
   (b) Beth sydd o'i le gyda'r amodau a ddisgrifir yn ffynhonnell Ch?

3 'Doedd hi ddim yn hawdd i'r rheini oedd yn gyfrifol am ddarganfyddiadau meddygol argyhoeddi eraill.' Faint o dystiolaeth sydd yn y bennod hon i gefnogi'r datganiad hwn?

4 O blith y datblygiadau meddygol y cyfeiriwyd atynt yn y bennod hon, pa un neu pa rai ydych chi'n meddwl oedd fwyaf defnyddiol yn y cyfnod hir? Rhowch resymau dros eich ateb.

5 Gan ddefnyddio'r wybodaeth sydd yn y bennod hon, pam y byddai claf yn fwy tebygol o fyw trwy driniaeth erbyn diwedd y cyfnod hwn (1914) nag ar ddechrau'r cyfnod (1760)?

Llenorion, cerddorion a beirdd

Roedd nifer o lenorion Saesneg enwog yn byw yn Lloegr yn Oes Fictoria - Robert Louis Stevenson a ysgrifennodd *Treasure Island*, Thomas Hardy a oedd yn enwog am *Far From the Madding Crowd* a *Tess of the D'Urbervilles*, ac awdur storïau Sherlock Holmes, Syr Arthur Conan Doyle. Roedd rhai yn ysgrifennu am fywydau pobl gyffredin a daw llawer o'r hyn wyddon ni am y cyfnod hwnnw o'r straeon hynny. Yr enwocaf ohonynt oedd Charles Dickens.

Ganed Charles Dickens yn Portsmouth lle roedd ei dad yn gweithio fel clerc yn Swyddfa'r Llynges. Pan symudodd y teulu i Gaint, aeth ei dad i ddyled a'i ddiwedd fu mynd i garchar dyledwyr. Gyda holl eiddo'r teulu wedi'u gwystlo, bu'n rhaid i'r Charles ifanc adael yr ysgol. Cafodd waith mewn ffatri flacio lle roedd yn gweithio ddeuddeg awr y dydd am 30c yr wythnos. Yn unig, yn llwgu ac yn llawn cywilydd, roedd yn benderfynol o lwyddo. Bu'n gweithio am ychydig fel newyddiadurwr ac ysgrifennai erthyglau o dan lysenw ei frawd, Boz. Ei lyfr cyntaf oedd *Pickwick Papers* ac ysgrifennodd lawer o nofelau wedyn mewn cyfnod byr. Yn ei lyfrau, cyfeiriai at erchyllterau'r oes a disgrifiodd galedi a chreulondeb bywydau'r tlodion. Wrth iddo ddod yn fwy enwog, daeth Charles Dickens yn ddyn cyfoethog a chafodd gyfle i deithio llawer. Nofelydd arall oedd wedi gorfod ymgodymu â thlodi oedd y Cymro, Daniel Owen.

Roedd Daniel Owen yn dod o'r Wyddgrug yn Sir y Fflint. Dim ond ychydig fisoedd oed ydoedd pan fu i'w dad a'i ddau frawd foddi mewn damwain yn y pwll glo. Yn dilyn hynny, bu'n byw mewn tlodi. Ychydig o ysgol a gafodd ac yn y diwedd cafodd waith fel prentis teiliwr. Yna penderfynodd Owen fynd yn weinidog ac aeth i Goleg y Bala. Rhoddodd y gorau iddi, fodd bynnag, a mynd yn ôl i deilwra. Dechreuodd ei fusnes ei hun ond bu'n rhaid iddo roi'r gorau i hynny hefyd pan dorrodd ei iechyd. Mae nofelau Owen yn seiliedig ar fywyd Cymru a bywyd y capeli. Mae un ohonynt,

Siopau gwystlo, Brasluniau gan Boz

Carchardai i ddyledwyr, Pickwick Papers

A (uchod ac ar y dde) Darluniau o rai o lyfrau Dickens yn dangos erchyllterau cymdeithasol yr ysgrifennodd amdanynt

Plant y tlotai, Oliver Twist

Ysgolion bonedd, Nicholas Nickleby

Rhys Lewis, yn seiliedig i raddau helaeth ar ei fywyd ei hun. Er bod y Cymry yn fwy tueddol o ddarllen y Beibl na nofelau, fe ddaeth ei nofelau'n boblogaidd. Cafodd ei alw'n 'nofelydd mwyaf Cymru'.

Un Cymro a ddaeth yn enwog drwy'r byd oedd y cerddor a'r cyfansoddwr, Joseph Parry. Fe'i ganed ym Merthyr Tudful yn 1841 mewn bwthyn bach cyffredin. Gweithiodd yn y pwll yn blentyn cyn ymuno â'i dad yng Ngwaith Haearn Cyfarthfa. Yn y 1850au, ymfudodd y teulu i'r Unol Daleithiau. Am y deuddeg mlynedd nesaf, gweithiodd Joseph Parry yng ngwaith haearn Danville, Pennsylvania a châi wersi cerddoriaeth yn ei amser rhydd. Gyda rhoddion a gafodd gan ei gefnogwyr, daeth yn ôl i astudio yn y Coleg Cerdd Brenhinol yn Llundain. Roedd yn 31 oed pan gafodd ei benodi'n Athro Cerdd yn y Brifysgol yn Aberystwyth. Er iddo gyfansoddi nifer o ddarnau corawl ac emynau, caiff ei gofio'n bennaf am ei emyn dôn *Aberystwyth* (sy'n ffefryn o hyd yn y capeli) a'r alaw boblogaidd *Myfanwy*.

Yr eisteddfod

Ystyr y gair eisteddfod yw cyfarfod i feirdd. Mae traddodiad yr eisteddfod yn ymestyn yn ôl yn bell dros y canrifoedd ac erbyn hyn y mae'n ŵyl i bob math o gystadlaethau a gweithgareddau llenyddol a cherddorol. Am gyfnod, ni chynhaliwyd yr un eisteddfod ond yna, yn y 1820au, gwelwyd adfywiad a daethant yn boblogaidd iawn. Byddai ysgolion a chapeli yn cynnal eisteddfodau a oedd yn cynnwys cystadlaethau canu, barddoni ac adrodd. Doedd y safon ddim bob amser yn uchel iawn ond roedd yn gyfle i bobl gyffredin gael ychydig o hwyl.

Yn 1858, adfywiwyd yr Eisteddfod Genedlaethol pan gafodd ei chynnal yn Llangollen. Gyda Beirdd yr Orsedd yn gwisgo'u gynau a'r Archdderwydd yn llywyddu, fe ddaeth yn brif ŵyl y Cymry.

B Llun o Daniel Owen

Dr Parry, yn ddi-os, oedd yr athrylith cerddorol mwyaf a welodd Cymru erioed …

C Darn o'r llyfr *Music and Musicians of Merthyr*, gan David Morgans

Er yr arferai siarad Saesneg yng nghwmni cyd-Gymry am iddo feddwl mai dyna'r peth iawn i'w wneud, nid anghofiodd Joseph Parry erioed ei wreiddiau … ef 'heb unrhyw amheuaeth oedd y Cymro enwocaf yn y byd ar ddechrau'r ugeinfed ganrif'.

Ch Barn gyfoes am Joseph Parry

---

1 'Gan mai ysgrifennu ffuglen (nofelau) wnaethon nhw, nid yw awduron megis Stevenson, Conan Doyle a Dickens o unrhyw werth i'r hanesydd.' Ydych chi'n cytuno?

2 Edrychwch ar ffynhonnell A.
(a) Pa negeseuon y mae'r darluniau hyn fel petaen nhw'n ceisio eu cyfleu?
(b) Ydy'r negeseuon hyn yn cytuno neu'n anghytuno ag unrhyw wybodaeth a roddir mewn mannau eraill yn y llyfr hwn?

3 (a) 'Roedd bywyd yn galed i rai o'r llenorion a'r cerddorion gorau a byddent yn defnyddio'u profiadau yn eu gwaith.' Oes unrhyw dystiolaeth yn y bennod hon i gefnogi'r farn hon?
(b) Beth sy'n gwneud llenor, arlunydd neu gerddor yn enwog? Dydy'r ateb ddim mor hawdd ag y mae'n ymddangos.

4 Pa ffactorau a arweiniodd at adfywiad yr eisteddfod ar yr adeg arbennig yma?

28 Adloniant a chwaraeon

Chwarae gyda chylchau haearn ar y pafin, troi top, chwythu swigod sebon, chwarae marblis, naid llyfant, mi wela i â'm llygaid bach i. Yn yr ysgol, chwarae rownderi a 'bat and catty' a'r merched yn sgipio, hopian a chwarae ceiliog dŵr.

A Darn o *Rhymney Memories* gan T Jones (1938)

B Y rhaglen yn yr Empire, Tonypandy (1909) a phoster yn rhestru'r eitemau yn y Palace, Caerdydd (1911)

Câi'r rhan fwyaf o bobl amser i hamddena. Byddai gan y gweithwyr eu **rhandir** ac fe fydden nhw'n cadw colomennod, ffuredau a milgwn. Roedden nhw hefyd yn aelodau o gorau meibion, clybiau glee a bandiau pres. I'r plant, roedd yna ddigon o hwyl a chwarae (gweler ffynhonnell A).

Neuaddau cerdd
Roedd gan bob tref o faint go lew neuadd gerdd. Roedd y seddau rhataf yn y balconi, neu'r gods. Am gyn lleied â cheiniog, gallech gael noson dda o adloniant.

Y sinemâu a'r ffilmiau mud
Ar droad y ganrif, dangosai'r sinemâu ffilmiau mud gyda phianydd yn y tu blaen yn canu'r piano. Roedd deg neu ragor o ffilmiau byr yn cael eu dangos am geiniog (neu ddwy geiniog pe baech chi am eistedd yn y seddau gorau).

Y Bracchis
Yn ystod y 1880au, dechreuodd nifer o deuluoedd o'r Eidal fusnesau yn ne Cymru. Roedden nhw'n gwneud ac yn gwerthu hufen iâ ac yn agor tai bwyta. Daeth enwau megis **Bracchi**, Berni, Conti, Carpanini, Fulgoni a Rossi yn enwau cyfarwydd ar gaffis y cymoedd. Roedden nhw'n fannau cyfarfod poblogaidd.

Papurau newydd, cylchgronau a chomics
Gyda mwy o bobl yn gallu darllen, roedd mwy o bapurau newydd a chylchgronau'n cael eu gwerthu. Ymddangosodd y Faner yn 1857 a'r Western Mail yn 1869. Yn 1896, dechreuodd George Harmsworth y papur dyddiol poblogaidd cyntaf sef y Daily Mail, a chafwyd y cylchgrawn Saesneg cyntaf i blant yn 1890 o dan yr enw Comic Cuts. Yn 1892, sefydlwyd Cymru'r Plant gan O. M. Edwards.

Chwaraeon
Mae'n debyg nad oedd James Alfred Bevan yn un o arwyr mawr y maes rygbi fel Gareth Edwards ac Ieuan Evans, eto i gyd, ar 19 Chwefror 1881, arweiniodd y tîm rygbi cenedlaethol cyntaf dros Gymru yn erbyn Lloegr yn Blackheath, Llundain. Lloegr enillodd, gwaetha'r modd! Un o'r clybiau rybgi hynaf yng Nghymru yw clwb Aberpennar. Mae sôn mai'r hen bedler a werthai ffrwythau y tu allan i'r maes gan weiddi, 'Come and buy from the old firm' oedd yn gyfrifol am roi'r llysenw 'Old Firm' i'r clwb.

Bryd hynny, roedd pêl-droed yn fwy poblogaidd na rygbi yng Nghymru a byddai'r dyrfa a âi i weld gêmau hyd yn oed yn fwy nag ydyw heddiw. Un o bêl-droedwyr mwyaf Cymru oedd Billy Meredith o'r Waun. Dechreuodd weithio yn y pwll lleol yn 12 oed ac yno y bu hyd yn oed ar ôl iddo ddechrau chwarae i Manchester City! Bu'n chwarae nes roedd yn 50 oed a chafodd 48 o gapiau dros Gymru.

> *... yn fy nhref enedigol byddem yn dod at ein gilydd ... i wrando ar hanesion ein ffrindiau oedd newydd ddechrau gweithio yn y pwll glo. Roedd yr arian y byddai'r cobiau ifanc hyn yn ei wario yn fychan iawn gan fod popeth mor rhad ... pecyn o sigarets am geiniog. Pe bai rhywbeth yn tarfu ar yr Eidalwr ... byddai'n dechrau bytheirio ar draws y cownter ... a byddai'n rhaid i ni fynd.*

C Walter Davies yn cofio am ei ymweliadau â Bracchi ym Medlinog, yn *Ups and Downs* (1975)

Ch Hysbyseb ar gyfer yr Imperial Picture Palace yng Nghaerdydd

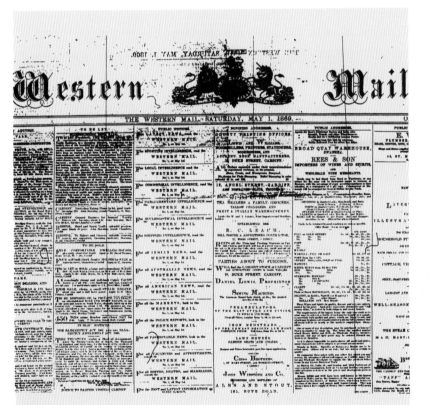

D Rhan o dudalen flaen rhifyn cynnar o'r *Western Mail*

Dd Tîm rygbi cenedlaethol cyntaf Cymru yn 1881

---

1 Sut yr oedd gweithgareddau hamdden y dosbarth gweithiol yn wahanol i heddiw?

2 Oes gan y ffynonellau ac unrhyw wybodaeth arall a roddwyd rywbeth i'w ddweud wrthym am weithgareddau hamdden i fenywod?

3 (a) Allwch chi feddwl am unrhyw fathau o hamdden ac adloniant na soniwyd amdanynt yn y bennod hon?

(b) Pam ydych chi'n meddwl na chawsant eu cynnwys? Gallwch gyfeirio at nifer o resymau.

Newid a pharhad

Mae'r llyfr hwn wedi disgrifio llawer o'r newidiadau a ddigwyddodd rhwng 1760 a 1914. Am eu bod wedi digwydd mor araf, doedd pobl ddim yn ymwybodol ohonyn nhw ar y pryd. Tua diwedd eu hoes, fodd bynnag, mae'n siŵr y byddai rhai, wrth edrych yn ôl, yn cofio sut yr oedd pethau yn ystod eu plentyndod. Mae'n debyg y byddai rhai pobl oedrannus iawn yn cofio am y 'dyddiau dedwydd' hynny - cyn dyfodiad y pyllau, y tomennydd glo a'r rhesi o dai teras, pan oedd y cymoedd yn wyrdd ac yn llawn coed.

Mae edrych ar hen luniau yn ffordd dda o astudio'r gorffennol. Yn y llun hwn o Bontypridd (ffynhonnell A), fe welwch lawer o'r newidiadau a drodd y pentref bychan yn dref brysur. Oherwydd ei safle lle mae Afon Taf ac Afon Rhondda yn ymuno, a'i leoliad hanner ffordd rhwng Merthyr Tudful a Chaerdydd, roedd Pontypridd erbyn 1865 yn ganolfan ddiwydiannol bwysig. Roedd Camlas Morgannwg a Rheilffordd Dyffryn Taf yn rhedeg drwyddi.

A   Golygfa o Bontypridd yn 1865

Yr iaith Gymraeg yw melltith y Cymry. Mae eu hiaith hynafol yn eu cadw mewn tywyllwch. I bob pwrpas, iaith farw yw'r iaith Gymraeg.

B   Erbyn 1866, roedd yr erthygl hon wedi ymddangos yn y *Times*

Mae cenedlaetholdeb Cymreig wedi goroesi ddwy fil o flynyddoedd er gwaethaf pob ymdrech i ladd ei ysbryd. Eto i gyd, rydym yma o hyd.

C   Rhan o araith gan David Lloyd George, yr Aelod Seneddol Cymraeg ifanc dros Gaernarfon

Yr iaith Gymraeg a'r diwylliant Cymreig

Ymhell bell yn ôl, yn y ddeuddegfed ganrif, anfonodd Esgob Tyddewi lythyr at y Pab. Dyma roedd yn ei ddweud, 'Mae'r Cymry yn gwbl wahanol o ran eu cenedl, eu cyfreithiau a'u harferion, eu syniadau a'u defodau'. Ond erbyn 1900, roedd llai na hanner pobl Cymru yn siarad Cymraeg ac roedd y canran i ddisgyn yn is eto. Bu Cyfraith Lloegr mewn grym yng Nghymru ers canrifoedd ond yn awr, gyda mwy a mwy o bobl yn symud i mewn i Gymru i chwilio am waith, fe ddaeth Saesneg yn gyfrwng cyfarwydd. Mae'n wyrth, yn wir, fod yr iaith Gymraeg a'r diwylliant Cymreig yma o hyd.

Ymwybyddiaeth genedlaethol newydd

Daliodd rhai ati i ymladd i gynnal hunaniaeth genedlaethol Cymru ac i atgoffa pobl Cymru eu bod yn genedl ar wahân gyda'u diwylliant a'u hanes eu hunain. Yn 1856, cyfansoddodd y tad a'r mab, Evan a James James, *Hen Wlad fy Nhadau*. Mae'r geiriau yn cyfleu teyrngarwch y Cymry i'w henwlad. Daeth yn boblogaidd iawn a chafodd ei mabwysiadu'n anthem genedlaethol. Yn 1886, ffurfiwyd mudiad Cymru Fydd i ymladd am hunanlywodraeth. Am flynyddoedd lawer bu'n ymgyrchu'n frwd ond oherwydd gwrthdaro oddi mewn fe ddaeth i ben.

Yn nesaf daeth Aelodau Seneddol Cymreig i bledio'r achos. Yn 1900, ac eto yn 1906, enillodd y Rhyddfrydwyr bob sedd yng Nghymru heblaw am Ferthyr Tudful lle roedd y sosialydd poblogaidd, Keir Hardie, yn aelod. Sicrhaodd pobl fel Tom Ellis fod materion Cymreig megis perchenogaeth tir, yn cael eu codi yn y Senedd.

Daeth David Lloyd George yn enwog yn gyntaf oll fel

amddiffynnwr Anghydffurfiaeth Gymreig. Yn ddiweddarach fe
ddaeth yn bwysig fel ffigur cenedlaethol. Fel Canghellor y Trysorlys,
ef yn bennaf oll oedd yn gyfrifol am roi pensiynau i'r henoed a
budd-daliadau i'r sâl a'r di-waith. Yn 1961, daeth yn Brif Weinidog -
y Cymro cyntaf i ddal y swydd.

Gyda'r ymdeimlad o falchder cenedlaethol yn lledu, sefydlwyd
nifer o sefydliadau pwysig yng Nghymru. Yn 1893, unwyd colegau
prifysgol Aberystwyth, Bangor a Chaerdydd o dan adain Prifysgol
Cymru. Yna, yn 1907, rhoddwyd siarteri brenhinol i sefydlu
Llyfrgell Genedlaethol ac Amgueddfa Genedlaethol. O ganlyniad i'r
penderfyniad i gynnal Eisteddfod Genedlaethol bob blwyddyn,
rhoddwyd hwb pellach i'r iaith Gymraeg a gwelwyd mwy o lyfrau,
dramâu a cherddi Cymraeg yn cael eu cyhoeddi.

Edrych yn ôl

A beth yr oedd y bobl hynny a oedd yn edrych yn ôl ar eu bywyd yn
ei deimlo mewn gwirionedd? Fel y gallech ddychmygu, roedd
ganddyn nhw oll eu hatgofion eu hunain.

Ch Cartŵn *Punch* 1910 yn dangos
nad oedd Lloyd George, er ei
enwogrwydd, wedi anghofio ei
gefndir Cymreig

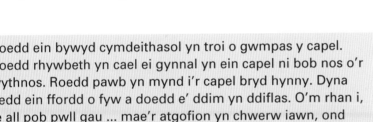

Roedd ein bywyd cymdeithasol yn troi o gwmpas y capel.
Roedd rhywbeth yn cael ei gynnal yn ein capel ni bob nos o'r
wythnos. Roedd pawb yn mynd i'r capel bryd hynny. Dyna
oedd ein ffordd o fyw a doedd e' ddim yn ddiflas. O'm rhan i,
fe all pob pwll gau ... mae'r atgofion yn chwerw iawn, ond
dyna'r adeg pan fyddai pobl yn closio'n dynn at ei gilydd.

Dyddiau da oedden nhw.

 D   Atgofion gwraig o Lwynypia

Dd   Barn hollol wahanol gan löwr o
Benygraig

---

1 Gan edrych yn ôl dros y llyfr hwn:
  (a) Pa newid ydych chi'n meddwl a gafodd yr
       effaith fwyaf ar y canlynol:
       i)   dynion y dosbarth gweithiol;
       ii)   menywod
       iii) plant
       iv)   pobl gyfoethog?
  (b) Pa ddigwyddiad ydych chi'n meddwl y bu i
       bobl y cyfnod ei
       i)   groesawu fwyaf
       ii)   groesawu leiaf?
  (c) Pa newid ydych chi'n meddwl fyddai'r
       newid mwyaf y byddai'r dosbarth
       gweithiol wedi sylwi arno yn eu hamodau
       byw?
  (ch) Allwch chi feddwl am unrhyw agweddau
       ar fywyd oedd heb newid ryw lawer yn
       ystod y cyfnod hwn?
  (d) Oes yna rai newidiadau a ddigwyddodd
       trwy ddamwain neu ar hap? Os oes, pa rai?

  (dd) Oes yna rai newidiadau mawr a ddaeth i
       fod, yn bennaf oll, drwy waith un person?
       Os oes, pa rai?

2 Pe baech yn cael ysgrifennu am y prif
   newidiadau a ddigwyddodd yn y cyfnod hwn
   mewn 100 o eiriau, am beth y byddech chi'n
   ysgrifennu?

3 Ym mhob cyfnod, fel arfer, mae 'na rai sy'n
   ennill a rhai sy'n colli. Pwy yn bennaf ydych
   chi'n meddwl enillodd a phwy a gollodd yn y
   llyfr hwn? Eglurwch eich dewis.

4 (a) A oedd pethau'n well yng Nghymru yn
       1914 nag oedden nhw yn 1760?
   (b) Oedd hunaniaeth Cymru yn gryfach yn
       1914 nag yr oedd yn y 19eg ganrif?
       Rhowch resymau dros eich dewis.

Geirfa

Anghydffurfwyr rhai sy'n gwrthod ufuddhau i rai rheolau

anesthetig sylwedd sy'n achosi i rywun neu rywbeth golli teimlad

Anglicaniaid aelodau o Eglwys Loegr

antiseptig sylwedd sy'n lladd germau

bastille caer ym Mharis a ddefnyddiwyd fel carchar

boicotio gwrthod cael unrhyw beth i'w wneud â rhywun neu rywbeth

Bracchi lle bwyta oedd yn eiddo i Eidalwyr

braenaru gadael i dir 'orffwyso' yn dilyn tyfu cnydau ynddo

'byti' gair slang Saesneg am ffrind (tebyg i 'buddy' yn Saesneg America)

cliper llong hwylio gyflym

clwy tatws afiechyd sy'n difetha planhigion tatws

colera afiechyd heintus; gellid ei ddal trwy yfed dŵr wedi'i heintio

Comisiwn Brenhinol corff o bobl sy'n cael ei sefydlu i ymchwilio i rywbeth penodol

comisiynwyr swyddogion a benodwyd gan y llywodraeth i wneud swydd arbennig

comiwnau grwpiau o bobl, fel arfer heb fod o'r un teulu, sy'n rhannu llety a nwyddau

Cwrt y Deisyfion llys lle roedd dyledwyr yn gorfod mynd o flaen eu gwell

Deddf Terfysg datganiad sy'n cael ei ddarllen fel rhybudd i derfysgwyr

Deddfau Cyfuno deddfau a oedd yn gwahardd undebau llafur

defnyddiau crai defnyddiau naturiol sy'n cael eu defnyddio i wneud pethau eraill

diddymu dod â rhywbeth i ben

dirwasgiad cyfnod pan mae busnes yn wael

disentri afiechyd tebyg i gael dolur rhydd difrifol

echrydus ofnadwy, dychrynllyd

epidemig afiechyd sy'n taro llawer o bobl ar yr un pryd

gelod anifeiliaid, tebyg i falwod, sy'n sugno gwaed

gilotîn peiriant a oedd yn cael ei ddefnyddio i ddienyddio pobl trwy dorri eu pennau

goruchwyliwr rhywun sydd wedi ei benodi i wylio ac edrych dros eraill

graddfa symudol lefel tâl sy'n symud i fyny ac i lawr (yn ôl pris glo)

gwaddoledig yn cael ei gynnal gan rodd ariannol

gwŷdd (*lluosog* - **gwyddiau**) peiriant gwehyddu brethyn

gwyngalchu peintio adeilad gyda chymysgedd o galch a dŵr

injan gylchdro injan sy'n gallu troi olwyn

Ludiaid gwehyddion a fu'n malu peiriannau

llw addewid y mae rhywun yn rhoi ei air y bydd yn ei chadw

llygredig anonest, yn gallu cael ei gamddefnyddio

melinau ffatrïoedd cynhyrchu tecstiliau (yn y llyfr hwn)

milwriaethus yn dueddol o weithredu trwy ddefnyddio trais

mwyndoddi poethi mwyn haearn er mwyn cael y metel ohono

nafi ffurf fer ar y gair Saesneg 'Navigators'; dynion a oedd yn adeiladu'r camlesi, a'r rheilffyrdd yn ddiweddarach

newmoconiosis afiechyd sy'n cael ei achosi gan anadlu llwch

odyn galch ffwrnais ar gyfer gwneud calch

parasitiaid pryfed - chwain a llau, er enghraifft

patrwm yr helygen patrwm glas gyda lluniau o Chineaid arno

plwyf ardal â'i heglwys ei hun

prentis rhywun sy'n treulio cyfnod yn dysgu crefft

radical rhywun sy'n credu mewn datrys problemau trwy fynd at wraidd y broblem

rhandir darn o dir roedd pobl yn ei drin yn eu hamser sbâr

sgyrfi afiechyd sy'n cael ei achosi gan ddiffyg llysiau ffres (diffyg fitamin C)

silicosis afiechyd sy'n cael ei achosi gan anadlu llwch

siopau gwystlo siopau sy'n rhoi benthyg arian yn gyfnewid am nwyddau

siopau tryc yr enw ar siopau a oedd yn eiddo i berchenogion ffatrïoedd

snisin tybaco powdwr

system dryc talu rhan o gyflog dynion mewn tocynnau yn hytrach nag mewn arian

tâl sefydlog talu yn ôl faint sydd wedi ei wneud

'tanner' gair slang Saesneg am yr hen ddarn chwecheiniog

tenantiaid fferm ffermwyr sy'n rhentu eu tir

tir comin tir a oedd yn cael ei ddefnyddio gan y bobl gyffredin

trawsgludo anfon troseddwr i fan arbennig dros y môr, fel cosb

trefedigaeth gwlad sy'n cael ei rheoli gan wlad arall